51 種克服拖延與分心，
打造超級自控力的訓練計畫

為什麼越重要的事越不想做？

心理諮商師
舒婭——著

一推薦序一

拖延只是表象，底層藏著什麼？

文／蘇益賢（臨床心理師，初色心理治療所副所長。著有《練習不壓抑》、《從此不再壓力山大》等心理學書籍）

「任何人類行為之所以會發生或維持，背後一定都有原因。」

「拖延也是嗎？」

「是啊，想想拖延帶給了你什麼好處？」

「嗯……想不出來欸！我只知道我的工作因為拖延一直出包。」

「這樣說好了，你有發現，在拖延的時候，我們就可以『不去面對』某些東西嗎？」

在某次諮商，我和個案聊到，拖延其實是一種壓抑、一種「不願面對」。不願面對什麼呢？好比，不想面對「完成任務的過程有多辛勞」、「完成任務之後萬一表現不如預期」、「其他人又會怎麼看我」等……

本書作者提出，要面對、改善拖延，就得找回自我控制的能力。但要成功找回控制力前，我們得先做好更基礎的任務：勇敢去面對那些，被我們壓抑下來的想法、感覺與衝動。

再說仔細一點，要能成功自我控制，你得先對要被控制的想法與情緒「有感覺」，這稱為「自我覺察」。看見這些內在感受的存在，你才能一邊探索如何有效應對它們。多次嘗試與學習之後，你發現原來你做得到，而後慢慢長出「自我效能」。

在過程中，你發現到自己的某些心理習性，就算努力，仍難以在短時間內改變。你學會不再硬碰硬強求改變，而試著認識這些習性產生的原因，並且溫柔以對，這稱為「自我接納」。

當你能放下那些太僵化的規則，並發現正是這些「過度」的自我期許造成你的拖延時，你最終能理解：原來最有力的自我控制，就是不必控制任何事。你可以找到最有智慧的施力點，讓該發生的事自然發生；讓不該發生的事，沒有機會發生。從自我覺察、到自我接納，一路都需要你往自己的內心世界走去。

本書提出許多應對拖延的妙方。除了具體策略之外，也搭配了案例。而我特別喜歡的則是這些案例之中，主角心路歷程的變化。

邀請讀者除了實驗這些妙方之外，我更想鼓勵讀者一邊觀察，在你實踐這些方法時，你的內心狀態有怎樣的變化？實踐方法時，別忘了關照自己的內心，去跟你內心的感受連線，看見那些被壓抑的感覺。這樣內在、外在，一來、一往的過程，相信你能慢慢從這麼多種方法中，找到真正適合自己，也能成功帶來改變的不拖延妙方。

—作者序—

我們為什麼會拖延

你是否面臨著這樣的情況：明明有一大堆任務等待完成，卻忍不住要先滑一下手機，看看搞笑影片、回一下訊息……總之做的都是與工作無關的事情。直到系統提示電量不足了，才恍然想起還有一堆任務擺在那裡毫無進展，再看看時間已經不早了，乾脆留著明天做吧。

不斷給自己找拖延的藉口，越是臨近截止日期心裡越是慌張，最後匆匆完成任務草草收場，結果自然是不盡如人意。這樣的狀況日復一日，就導致了拖延習慣的形成。

正如獨力編出《約翰遜字典》的英國文人山繆．約翰遜所說：「我們一直推遲我們知道最終無法逃避的事情，這樣的蠢行是一個普遍的人性弱點，它或多或少都盤踞在每個人的心靈之中。」拖延的危害不言而喻：工作品質低下、自我期望降低，甚至會導致焦慮症、抑鬱症。

要想擺脫拖延，成為一個自律的人，首先要明白我們為什麼會拖延？拖延的表現有很多種形式，但究其本質來說，都是源於內心的恐懼。

這個恐懼有兩層含義——

第一層含義是，任務本身的艱鉅讓我們產生了畏難心理。趨利避害是人的本能，一旦開始做某件事情就意味著要付出體力或者腦力勞動，期間還會面臨各種各樣的困難，所以我們會恐懼。

第二層含義是，害怕失敗，討厭不成功帶來的結果。比如，你接到公司寫企劃案的任務，卻遲遲不展開研究，因為害怕做得不好讓公司蒙受損失；再比如你看到一份徵稿函，心裡躍躍欲試卻遲遲不願動筆，因為你擔心投稿被拒。只要做，就有失敗的風險，而不做，永遠是最安全的。所以我們才會一拖再拖。

任何一個習慣的養成都是經年累月不斷重複某種行為的結果。同樣，當我們一而再再而三地鬆懈，拖延就不再是一件需要找藉口的事情，而是自然而然發生的行為，這是極其不利於我們的工作和生活的。

與拖延截然相反的是自控。自控力，即自我控制的能力，指對一個人自身的衝動、感情、欲望施加的控制。廣義的自控力指對自己的周圍事件、對自己的現在和未來的控制感。拖延的人往往是焦慮的，對要做的事有不確定感和難以控制感，因而才會拖延。

從拖延到自律是一個艱難的蛻變過程，但只要能掌握科學的訓練方法，我們普通人也能擁有超高的自控力。謹以本書，獻給深受拖延困擾的每一個人，希望對你有所幫助。

目錄

推薦序　拖延只是表象，底層藏著什麼？／蘇益賢　002
作者序　我們為什麼會拖延　005

星期一／Monday　打造遠離拖延的環境

訓練01：保持辦公桌的乾淨整潔　016
訓練02：收起那些耽誤正事的雜物　020
訓練03：遠離假裝努力的積極廢人　024
訓練04：讓自己的生活儘量規律化　028
訓練05：及時疏解內在的消極情緒　032
訓練06：多跟優秀自律的人在一起　036

星期二／Tuesday　設立有確實意義的目標

訓練07：用目標改變虛耗精力的狀態　042
訓練08：掌握制定目標的SMART原則　046
訓練09：為目標附加截止期限（deadline）　051
訓練10：把大目標分解成小目標　055
訓練11：每天都要有可實現的目標　059
訓練12：列好實現目標的具體步驟　063
訓練13：有變動及時調整目標計畫　068

星期三／Wednesday　成為高效能的行動派

訓練14：改掉習慣性擔憂的毛病　074
訓練15：想做一件事立刻就行動　079
訓練16：對抗趨樂避苦的懶惰本能　084

訓練17：今天的事不要推到明天做 089
訓練18：克服虎頭蛇尾的三分鐘熱度 094
訓練19：討厭的事情也得認真做好 099

星期四／Thursday 讓時間價值最大化

訓練20：把事情按照輕重緩急排序 104
訓練21：用好高效的「黃金時間」 109
訓練22：重視不起眼的零碎時間 114
訓練23：一次用心把一件事做好 119
訓練24：拒絕那些讓自己分心的事 123
訓練25：無謂的細節無須浪費時間 128
訓練26：掌握時間管理的二八法則 133
訓練27：學會使用高效的番茄工作法 138

星期五／Friday　把逃避徹底刪掉

訓練28：認識到問題與痛苦的價值　144
訓練29：越是恐懼的事越要去面對　147
訓練30：承認問題是解決問題的開始　151
訓練31：不要總是指望別人替你解決問題　156
訓練32：認清你給自己找的拖延藉口　160
訓練33：對工作保持積極主動的態度　165
訓練34：用「做做看」代替對結果的計較　169
訓練35：遇到困難不找藉口找方法　174
訓練36：不求完美但求盡最大的努力　178
訓練37：敢於平凡讓你更有「底氣」　182

星期六／Saturday　拆掉思維的壁壘

訓練38：刪除「我必須」的思維模式　188
訓練39：認清自己的長處與短處　192
訓練40：繃得太緊時讓自己停下來　197
訓練41：別擔心達不到完美的結果　201
訓練42：沒有嘗試之前別給自己設限　205
訓練43：努力跳出熟悉的心理舒適區　209
訓練44：防止過分內疚消耗你的精力　212

星期日／Sunday　用自律換得自由

訓練45：用延遲滿足擊退拖延的念頭　216
訓練46：給自己設置一個合理的期望值　219
訓練47：利用擅長的事慢慢建立自信　222

訓練48：把自己想像成不拖延的人 225
訓練49：懈怠時開啟自我激勵模式 228
訓練50：借助獎懲措施改變行為模式 231
訓練51：多給自己一些積極的暗示 235

Monday ▍星期一

打造遠離拖延的環境

從斷捨離雜物、到朋友圈的篩選，

以及自己內在情緒的整頓，

由裡而外，打造出積極明亮的氛圍。

訓練01

保持辦公桌的乾淨整潔

「桌子好亂啊，很煩躁欸，都不想工作了。」

「唉，周圍全是雜物，頭腦裡也是一片混亂，不能靜下心來思考問題了。」

不知道你是否經常發出這樣的感慨：辦公桌上堆滿了各種雜物，水杯、筆筒、衛生紙，甚至還有沒來得及丟掉的便當盒。這些雜物占據了我們的空間，干擾著我們的工作。

事實證明，混亂的環境會瓦解人的意志，使人變得煩躁不安，做事效率低下。相反，乾淨整潔的辦公桌會讓人心情愉快，從而以更積極的精神風貌面對工作。網路上有一句話：年輕人打掃房間不僅僅是為了乾淨，這背後的邏輯還有「爽」。而我們每天近距離接觸的辦公桌，更是重中之重，乾淨整潔的辦公桌給人井井有條之感。

Y是一名自媒體公司的編輯，每天的工作除了審稿和寫文章之外，還要整理和分析後臺資料。Y平日沒有收拾辦公桌的習慣，同事給的聖誕蘋果，吃完後包裝、禮盒丟在桌上，各種贈品與試用包、前幾天拆開的藥盒，還有許多紙質的文件，也胡亂堆放著。一個星期下來，桌面上堆滿雜物，甚至挪動鍵盤都不方便。

Y看到這亂糟糟的辦公桌就心煩意亂，更別提集中精力工作了，業績也是一塌糊塗。窘境中的Y下決心改變現狀，他挑了一個風和日麗的日子，把桌上堆積的垃圾和無用檔全部清理掉，清清爽爽的桌面讓他的心情頓時明朗了起來。

極簡生活能讓人把精力放在重要的事上，收拾辦公環境能夠讓人集中精力，提升效率，不至於為了找東西而耽誤時間。

在日常生活中，如何保持辦公桌的整潔乾淨呢？

- 各種檔案、書籍分類擺放。
- 用收納小物，諸如筆筒、書擋、資料夾等整理文具。
- 定時篩選、丟掉廢棄紙質文件和其他垃圾。
- 保留必需物品，其他的全部扔掉或者贈送給有需要的人。

其實這幾點建議都涉及一個概念：斷捨離。日本雜物諮詢家山下英子認為，所謂「斷捨離」就是通過收拾家裡或者工作場所的雜物，也整理心中的雜物，從而讓人生變得開心和放鬆的方法。顯然，開心和放鬆的狀態更有助於我們集中精力工作。

斷，指的就是斷絕那些不需要的東西。比如網購額外的贈品、化妝品包裝盒等等。這些與工作無關的東西不應該出現在辦公桌上。

捨，就是要捨棄多餘的廢物。比如過期的檔案、用不到的文件資料，放在桌上也是徒占地方，不如直接丟掉。

簡單來說，「斷」就是拒絕一些物品進入辦公場所，而「捨」就是大膽地把一些物品丟進垃圾桶。

離，指的是脫離對於物品的執念。這是一個相對抽象的概念，我這樣說就很容易明白了：幾本工具書放在辦公桌上，總以為某一天查資料時會用到它們，所以一直捨不得帶回家。事實是，幾個月來一直沒打開過。

拋棄了對物品的執念才能獨立思考，理性地做出選擇，保持辦公桌上永遠只有必需品，可以最大限度減少對工作的干擾。打掃辦公場所、整理桌面，看上去只是清理物品，實則是與拖延之間的一種抗衡。雜亂的工作環境會分散我們的注意力，有時候忍不住要先收拾一番再開始工作，如果能在日常生活中就保持著整潔乾淨，就會省去很多麻煩。

小陳是一名普通的都市女白領，她有個習慣，就是每隔一段時間就徹底清潔自己的生活環境和工作環境，這種「殘風卷落葉」式的大掃除常常讓她的幸福指數飆升。在整理雜物的過程中，無數個日日夜夜積累的壓力得到釋放，與其說清掃是為了乾淨，不如說是為了治癒自己每天被拖延症和強迫症輪番轟炸的心臟。當她一打開辦公室的門，看到辦公桌前整整齊齊的景象，心中一片舒爽。

要知道，我們所做的這一切都是為減少拖延服務的。人只有在由內而外都舒適的環境下才能夠充滿激情和愉悅，從而迅速投入到工作狀態。保持辦公桌的乾淨整潔，本質上是對「斷捨離」和「極簡主義」的踐行。

訓練02

收起那些耽誤正事的雜物

林子的手機裡下載了很多App，購物的、美妝的、娛樂的、文化的……她每天都要流覽很多遍，週六週日更是完全獻給了手機。最困擾的是，每次當她打開電腦準備工作的時候，首先要把手機裡面的App全部滑一遍，不知從何時起，這種將手機裡所有App「滑」一遍的行為，竟然成了工作之前必做的「儀式」。

這是一個資訊大爆炸的時代。據統計，當代人每天接收的資訊相當於宋朝人一輩子的訊息量，而絕大部分的資訊是以手機等用戶端做載體，通過網路傳播的。

林子在滑手機的時候渾然不覺時間的流逝，就連工作的過程中都會情不自禁拿起手機，看一下明星的社群網站，點開通訊軟體看看有沒有人留言給自己，再逛一下網路……時間一點一滴地流失了，工作卻沒有一絲進展。

像林子這樣的人有很多，深受各種App的困擾。本來手機的發明是為了人們更好地生活，現在卻像是人們成了手機的奴隸，明知一遍遍滑手機會浪費時間，卻總是忍不住。據統計，現代人每天點開手機的頻率是平均三分鐘一次。

最可怕的是，工作學習時，手機上的各類通知、YouTube、網拍、通訊軟體等都會成為干擾，讓人無法專注。可能你覺得碎片化的時間浪費了並不可惜，但實際上你的工作效率會因此大幅下降。當我們從一個專注的工作狀態中抽離出來，哪怕只有五分鐘的聊天，也很難進入原有的專注狀態。大腦在任務與任務切換時需要時間來調整，才能夠進入狀態，各種資訊無疑對我們造成了巨大的干擾。

除了手機之外，還有其他一些「偷走」我們注意力的東西，比如零食等雜物。

李婉是一個自由工作者，主要在經營自己的自媒體帳號。每當她坐到桌前打開電腦準備工作的時候，總忍不住要先吃一些零食，或者把玩一會抽屜裡的化妝品。時間一分一秒地過去，看似在電腦前一坐一下午，其實什麼都沒做。

任務一拖再拖，心裡想著先吃一點東西補充能量吧，或者先看看娛樂新聞也無傷大雅的。越是這麼想著，拖延就越嚴重，焦慮和壓力也蜂擁而至。

因為做自媒體的關係，李婉每天都會收到大量的讀者私信，每天早上醒來留言都處於一種快要炸掉的狀態，很難一一回覆，又擔心錯過重要資訊。於是，她養成了時時刻刻流覽手機的不良習慣，甚至在刷牙的時候都把手機放在口袋裡，刷完牙就急匆匆拿出來看一眼。

壓力與日俱增，李婉身心俱疲。

如何排除這些瑣碎資訊和雜物對我們的干擾，集中精力工作呢？

這裡提供了以下幾點易操作的建議：

- 工作時將手機關機，必要時用電腦登錄社交帳號。
- 刪除非必要App，同種類型的只留下最好的那一個。
- 如每天有大量資訊需要處理，可以規劃好每天固定的時間回覆消息。
- 不斷進行心理暗示，不要在無聊的事情上浪費時間。

回顧李婉的問題，我們會發現：她總在無聊的事情上浪費時間，比如零食、抽屜裡的化妝品。另外，就是對時間沒有規劃，如果她能夠像建議中提到的那樣，每天固定好時間專門回覆訊息，生活節奏就不會被攪得一團糟。

其實，拖延不可怕，習慣性拖延最可怕。同樣，滑手機不可怕，頻繁地滑手機、在工作時間滑手機最可怕。當我們意識到這一點並開始做出改變的時候，我們就成功了一半。把看似空洞的方法論實踐到實際生活中，就會發生很大的改變。

糾結也會導致拖延。比如，好幾份任務同時擺在面前，不知道先做哪一件事好；再比如生活中一些很瑣碎的事情也會讓我們糾結：早飯吃什麼好，今天穿什麼衣服好。糾結看似是一件無傷大雅的事情，實則一直在消耗我們的元氣。

美國第十六任總統林肯在針對「糾結」上做得很好。他把衣服按順序掛在衣櫃裡，每天早上醒來不用糾結，一週下來就按照衣櫃裡衣服的順序穿。林肯是一個工作狂，把所有的精力都獻給了工作。他穿衣服的小技巧吸引了很多人爭相模仿，少一點糾結就少一分拖延。

只有戒掉了糾結的壞習慣、收起那些耽誤正事的雜物，才能讓我們的生活更加輕鬆、工作熱情更加飽滿，才有可能早日徹底擺脫拖延。

訓練03

遠離假裝努力的積極廢人

「積極廢人」是一個網路新詞，指的是那些喜歡給自己立flag（目標），但永遠做不到的人。這些人通常在心態上積極向上，行動上卻宛如廢物，總是假裝努力，時常為自己的懶惰感到自責，日子就在一天一天的消磨中過去了。對於「積極廢人」，網友的總結很到位：間斷性躊躇滿志，持續性混吃等死。

楊子就是這樣一個人，他常常在朋友圈公開立下目標：要在一個月之內完成畢業論文；要在一年內考下某個證書；要堅持健身練成八塊腹肌……不過這些話他只是說說而已，朋友圈裡偶爾看到他發幾張健身房的照片，除此之外再無其他。一段時間後，朋友圈的內容就變成了他的自嘲：「唉，又沒堅持下去，我真是太失敗了。」

楊子沒有實現目標，是因為他天生就是一個失敗者嗎？我想並非如此，而是因為他把過多的熱情消耗在樹立目標上，卻極度缺乏執行力。這類人常常深受拖延症之苦卻不願意做出改變。時間久了，不但耽誤了自己的事業，甚至會影響到身邊的朋友。

不知道你身邊有沒有像楊子一樣的朋友，努力都是在口頭上，真正面對問題的時候卻只想著逃避。我們要想遠離拖延就要遠離這類假裝努力的積極廢人。常言道：「近朱者赤，近墨者黑，如果我們總是和愛拖沓、不自律的人在一起，時間久了就會被同化。」

試想一下：你正打算通宵趕專案，旁邊的朋友卻一個勁地慫恿你：「別寫了吧，明天還有時間呢，今晚一起出去吃個燒烤吧！」一次兩次你能理性拒絕，次數多了就開始動搖了：「別人都過得那麼輕鬆，我幹嘛要讓自己受罪呢？」這樣的想法一發不可收拾，自然就變得懈怠了。

「積極廢人」擅長制訂完美的工作計畫，但你若與他們共事，十有八九會受到拖累。

涼子和室友一起報了個英語學習的線上課程，報名費頗高。平臺有個福利：如果能夠堅持學習並打卡一百天的話，可以全額退學費。室友發現了這個課程，急不可耐地邀請涼子跟她一起參加。室友的規劃非常完美：每天早晨七點起床練習一個小時的口語，然後吃飯上班。

不過，事實卻是，當涼子早早從被窩爬起來學習的時候，室友還在睡覺。當涼子已經分享打卡的時候，室友還在抱怨：「我最討厭轉發這些東西了！」涼子說：「妳早知道要打卡的，要是不喜歡的話幹嘛還報名呢？」室友沉默了。從此以後，涼子在學習之前都不會叫上室友一起了，因為她知道對方會找出一堆不願執行的藉口，與其這樣不如單槍匹馬地一個人奮鬥。

一方面我們要遠離「積極廢人」，另一方面我們要避免自己成為這種人。如何避免成為積極廢人呢？有以下幾點建議：

少立flag

flag的意思就是在朋友圈或者當著很多人的面公開自己的階段目標。古語有云：「有志者立長志，無志者常立志。」這並不是說我們不能公開樹立目標，只是在定目標的時候要慎重、要客觀。一口吃不成個胖子，同樣，短期內目標定得太高也不容易實現。

不要用戰略上的勤奮掩蓋戰術上的懶惰

積極廢人通常有這樣的特點：他們一面喊著要加油努力，同時埋頭工作或學習，卻從不想著改變一下策略。無論是學習還是工作，努力固然重要，但方法也很重要。正確的方法可以讓我們少走很多彎路，但「積極廢人」們通常懶得思考。自以為自己努力了，其實只是下蠻力罷了。

主動遠離懶惰、不自律者

遠離一樣事物就是避免成為他的最好辦法，要想避免成為積極廢人，首先要遠離這樣的人。情緒是會傳染的，不良的習慣也是一樣。網上流傳一段話：「你把性格交給星座，把努力交給雞湯，把運氣交給錦鯉。然後對自己說：『聽過那麼多大道理，卻仍然過不好這一生。』」這就是「積極廢人」們的真實寫照。應該工作的時候用來娛樂，應該專注的時候在網上撒歡，那些我們偷過的懶，揮霍掉的時間，浸泡在垃圾娛樂裡的時光，總是會成為我們前進路上的壁壘，以另一種方式懲罰不努力的人。在這個快節奏的時代，無論是老闆還是客戶，重視的都是最終結果，而不是嘴上的豪言壯語。

訓練04

讓自己的生活儘量規律化

作家王小波曾在書中描述過這樣一個場景：「黃昏的時候，坐在屋簷下，看著天一點點地暗下來，充滿了淒涼和無奈。」或許，這句話的本意是作者在感歎時間易逝、人生落寞。但對於拖延症患者來說，這一點的感受比一般人都要深刻。試想：下午四點醒來，屋內一片寂靜，而睡覺之前遺留的任務仍然沒有完成，此刻懶洋洋地坐在床上，一想到桌上還有一堆事情要做就覺得煩躁不安；甚至有的人會把該完成的任務一直拖到晚上，白天則上網、滑手機，躺在沙發裡，做一個安安靜靜的「肥宅」。缺少計畫、生活不規律甚至日夜顛倒，成了很多拖延症患者的「心頭恨」，縱然內心十分痛恨這樣的自己，仍然控制不住。

朋友莉莉就是一個典型的「生活不規律」的例子。特別是年關將至的時候，有一部分工作任務需要下班後在家中繼續處理，她卻把任務一推再推，回到家中先休息片刻，然後再約閨密一起出去逛街，逛完商場又逛美食街，城市的燈光逐漸熄滅她才匆匆趕回家中。

這下好了，工作任務只能晚上熬夜完成，或者明天一大早爬起來做了。一直嚷著要早睡早起認真護膚的莉莉其實是很不喜歡熬夜的，可是為了完成任務卻不得不熬，第二天頂著濃濃的黑眼圈上班，整個人顯得無精打采。本應充滿激情的工作卻因為她的疲憊不堪而變得無聊枯燥起來，越是覺得無聊就越想拖延，最後又拖到下班後、拖到晚上。

拖延久了就成了習慣，生活不規律讓莉莉陷入了惡性循環。

原本應該工作的時間去逛街，應該好好休息的時間拚命趕工作，白天能做的事情偏要拖到晚上做……時間分配不到位，久而久之身體也是支撐不住的。人在精神狀態好的時候工作效率自然高，如果你頹廢、疲憊、恐慌，怎麼能充滿激情地工作呢？

小米是個大三學生，目前正在準備研究生考試，每天高強度的學習讓她心力交瘁，為了勞逸結合提高效率，小米決定每天給自己留下一些放鬆的時間。她選擇的放鬆方式是跑步：每天早晨在朦朧的霧氣中就開始晨跑，直到太陽緩緩升起。

看到這裡你會覺得：她的放鬆方式沒有問題啊！運動確實有益於人體健康，不過小米的問題在於：每次她晨跑的時候都還在念叨著英語單詞，發現自己記不清一個語法的時候，常常跑步途中停下來去上網搜索。

跑步本來就是一個放鬆的過程，運動也是需要集中注意力的。在跑步的時候，我們的大腦理應是放空狀態，思想自由呼吸。而小米的神經一直緊繃著，表面上是在放鬆，大腦卻沒有得到真正意義上的休息。

真正規律化的生活是，在特定的時間做特定的事情，不要讓一件事情上的焦慮影響另外一件事情的進行。要想工作規律首先要作息規律，規律的作息才能帶來良好的精神狀態。人在精神狀態好的時候，工作效率自然會高。如果總是半夜滑手機、玩遊戲，睡眠不足肯定會影響工作狀態，拖延也就不可避免。讓自己的生活規律化，在愉悅的狀態下做本職工作，會達到事半功倍的效果。

倫敦一所大學對人體的最佳睡眠時間做了一項調查，最終得出的結論是：成年人的日常睡眠維持在七到八小時是最合適的，這樣的睡眠時長能夠給予我們身體最充沛的能量。

《莊子》有云：「日出而作，日落而息。」揭示的正是這樣的自然規律。在千萬年的演化中，人類逐漸找到了最佳生存方案，我們的身體會隨著大自然的變化而有規律地運轉，各個人體器官也是如此。讓自己的生活規律化，我們才能以最佳姿態投入到工作中，獲得最大化的效益。

以下幾條建議，可以幫助你的生活更加規律：

- 制訂計畫、合理分配時間。
- 替自己保留獨立的工作空間，減少干擾因素。
- 將休閒娛樂與工作明確劃分開來。
- 設置自我獎勵機制，按時作息就獎勵自己一個小禮物。
- 請家人或朋友幫忙監督。
- 利用碎片化時間處理未完成任務。
- 睡前將手機等電子產品關機並收納到抽屜裡。

其實，規律化的生活並沒有那麼難，堅持一陣子就會成為習慣，人體的肌肉記憶是非常強的，同樣你每天在什麼時候入睡什麼時候醒來也很容易養成習慣。很多人懷揣著「一步登天」式的想法，想要在短期內完全擺脫拖延，這未免操之過急。而停下腳步來，多關注生活本身，讓生活的規律帶動我們工作上的規律，進而走出拖延。

訓練05

及時疏解內在的消極情緒

「唉，今天好煩啊，不想工作了。」

「太喪氣了，真想辭職不幹了！」

「今天怎麼又下雨了啊，一到下雨天就莫名煩躁，什麼都不想幹……」

於是，你煩躁地丟下手頭正在做的事情，吃起了零食，或者乾脆鑽進了被窩裡睡大覺，美其名曰安慰自己受傷的心靈，遂不知工作為何物。

以上這些場景不知道你是否熟悉？如果你全部「中招」的話，那就要注意了，說明你正在被自己的情緒所控制。

我們總是會關注一些「乾貨」[1]，一些教我們快速提升自我的方法，卻很少著眼於自己的內心世界。科學研究表明：人的生理機能跟情緒狀態有很大關係，也就是生理會影響心理。人在積極愉悅的心理狀態下可以將能力發揮到極致。同樣，如果一個人沮喪、失落、憂鬱，那麼他的能力必然會折損。

情緒會影響人的工作狀態，也是導致很多人拖延的原因。

拿破崙曾說：「能控制好自己情緒的人，比能拿下一座城池的將軍更偉大。」這並非他的謙遜之詞，情緒的重要性在工作中體現得非常深刻。

美國著名的汽車公司福特公司曾遭遇一段「寒冰期」，甚至一度面臨著要倒閉的危險。彼時的公司籠罩在一片壓抑的氛圍下，員工們垂頭喪氣、工作時也提不起精神，大家的狀態由積極地提高產量變成了應付差事，公司業績一路下滑。

後來，新調來的管理者發現了這個問題。他決定把員工們集合起來，每天一起在公司用餐，他甚至親自在餐廳一角堆起了燒烤架，免費為員工們燒烤。大家看到領導人的情緒如此陽光，於是都變得積極起來。管理者平易近人的態度更是讓大家感動不已，紛紛表示一定要堅持到底，挽救危機邊緣的公司。

工人們的情緒高漲，工作效率也有了極大的提高，很快，福特公司就走出了危機。而這個故事也流傳為一段佳話。

管理者的睿智之處就在於，他成功改變了員工的情緒，讓他們以更飽滿的熱

1：網路用語，指不含水分（吹噓）且實用的事物。

情、更積極的姿態投身到工作中，不再擔憂、不再拖延。

生活中不如意事十有八，當我們陷入消極情緒中，要如何快速走出呢？

傾訴，給壓抑的心情一個出口

很多時候我們不是容易悲傷，只是一直被壓抑的情緒需要一個出口。這時，我們不妨向自己的好友或伴侶傾訴一番，當然如果你不喜歡向身邊的人訴說不快的話，你可以通過文字的形式記錄下來。

進行自我審視，找出消極情緒的根源

這裡所說的自我審視是一個自問自答的過程，叩問自己的內心：是因為什麼而沮喪，因為什麼心生不快，也就是說「喪」的源頭是什麼。這個問題搞清楚之後有助於對症下藥。

積極尋求幫助，切實解決問題

明白了自己是因為什麼而情緒消極的時候，就要想解決辦法，在自己無力解決的情況下，盡可能地向身邊人尋求幫助。無論是靈感上的匱乏還是資金上的不足，與其自己煩惱，不如提出來大家一同想方設法。

通過做自己喜歡的事情來打退消極情緒

人在做自己喜歡的事情的時候大腦會分泌多巴胺，這種激素可以讓我們更加快樂。感到沮喪的時候就暫且停下腳步，去做一做自己喜歡的事情吧，愛運動的就去健身房，吃貨們就去街頭巷尾尋找美食。「做自己喜歡的事情」是讓我們變得開心的人生寶典。

當然，出於各種原因很少有人能一直做自己喜歡的事情，不過能夠在短期內改善自己的情緒也是很棒的。

美國哲學家弗農．霍華德曾說：「對消極的情緒有明確的瞭解，就可以消除它。」瞭解我們的情緒，坦然承認自己受到了情緒的影響，然後理性分析原因，找出變得開心的方法。

情緒是一個變化莫測的東西，不過也是有規律可循的、可控的。當你能掌握上述方法，能夠及時疏解內在的消極情緒，就證明你離告別拖延症又近了一步。

訓練06

多跟優秀自律的人在一起

網上曾經流傳著一個說法：你周圍最親密的五個朋友的水準，基本上決定了你的水準。這裡的「水準」不僅指的是收入水準，還有學歷水準、與人溝通的能力。雖然這句話的描述不一定精確，但表達的觀點大致客觀：物以類聚、人以群分。

前面我們說到，要遠離假裝努力的積極廢人，同時我們也應當向優秀自律的人靠近。優秀自律者像一道光，照亮我們的世界，讓我們也變得動力滿滿。

在我上大學的時候，隔壁寢室總共四個人，個個都是學霸。大四的時候，當別的同學還在為找工作而發愁，為未來的走向感到飄忽不定時，她們已經找到了自己的方向：兩個人去了國企、一個人在知名的英語輔導機構當任課老師、還有一個人進了世界五百強。

這個「學霸宿舍」成了我們學校一個神奇的存在，大家都很好奇，是什麼造就了一個寢室的成功。後來有一次，偶然在學校食堂遇到隔壁寢室的A同學，於是一起吃飯，聊天的過程中A同學告訴我：「我大考是超常發揮進來的，剛進這個專業的時候學習老是跟不上，還想著偷懶。可是沒想到室友們一個個都那麼拚，當我還在睡懶覺的時候她們早早就起床去自習室早讀了，就由不得我不努力了。」

一個寢室就是一個小天地，什麼樣的氛圍造就了什麼樣的結果。A同學原本不思進取，本想得過且過地度過大學四年，可是卻幸運地遇上了一群努力上進的室友，推動她也取得了成功。

你想，當身邊的人都在背書、刷題的時候，你還會有心思打遊戲、煲韓劇嗎？答案自然是否定的。同樣，當身邊的朋友都在努力工作、拚命趕業績的時候，你還會總是想著偷懶嗎？

多跟優秀自律的人在一起，時間久了我們也會變得更加優秀和自律。一方面是因為優秀的人給人施加了一定的壓力，為了和優秀的人齊頭並進，我們只好更加努力。另一方面是因為優秀自律的人能起到榜樣作用，健康的人會教我們保重身體積極鍛鍊、快樂的人會教我們用陽光的心態面對生活。

前阿里巴巴首席CEO馬雲曾說過一句著名的話：「我的對手不在我身邊，在我身邊的都是朋友。」有些人會把身邊優秀的人視為對手、視為用力超越的對象，但馬雲這句話給我們的啟發是：和優秀的人做朋友，從他們身上汲取知識或經驗，幫助我們更好地成長。

跟弱者在一起確實零壓力，並且能讓我們感到自信，但這種自信是搖搖欲墜的，它的本質是對強勢力量的恐懼，是不利於我們提升的。如果總是選擇和比自己弱的人打交道，而不主動向優秀的人靠近，我們就會永遠在原地打轉，而工作的本來目的，是為了螺旋式上升。

自律的人不一定優秀，但優秀的人通常都很自律。自律的朋友、自律的伴侶，都會對我們有著潛移默化的影響。

Lily這一年來的變化著實令人吃驚，用「脫胎換骨」這個詞來形容也不足為過。一年前的她每天渾渾噩噩，在小縣城的一所學校教書，每天上完兩節課之後就回到家中，無所事事地看起電視，有時候懶得連飯都不做，一日三餐都靠外賣解決。衣著打扮上更是隨意，「反正又沒人看我。」她總是這麼念叨著，梳妝檯上的化妝品都蒙上了灰塵。

直到她遇到了Y先生。Y先生是學校外聘的英語老師，整個人由內而外都散發著獨特的魅力，待人接物溫和得體，他的辦公桌永遠是整個辦公室最整潔的那一個。攀談的過程中Lily瞭解到，Y先生只是暫時在這邊教學，一段時間後會回到省會繼續教學研究。生活中的Y先生熱愛旅行和攝影、規律健身，他的電腦桌面就是一張他親自拍攝的星空圖，深邃、明亮，直擊Lily的內心。

Y先生優秀又自律的形象也刻在了Lily的心裡。她喜歡上了一個如此卓越的人。為了和Y先生更般配一點，Lily開始注重打理自己的外形，工作上也更加努力了，教學之餘也開始在網上寫文章，發展自己的副業。

漸漸地，她變得越來越優秀了，就連以前愛拖拉的壞毛病也一併改了。在這個過程中，她幾乎忘記了自己為什麼要用力地做出改變。直到Y先生主動和她表白的時候，Lily才恍然意識到，在努力蛻變的過程中，真的離理想型的自己越來越近了。

優秀又自律的人就像一道光，吸引著我們靠近。這不是向強者的諂媚，而是向榜樣的學習。而真正優秀的人通常不會吝嗇自己的才華，反而會很樂於跟我們分享經驗、傳授方法。

向優秀的人學習——我們會變得更加優秀——當我們變得更加優秀之後會有更多的人主動結識我們，這是一個良性循環的過程，在這個過程中我們收穫的不只是人際關係，還有實實在在的提升。

法國作家哈伯特說：「對於一艘盲目航行的船來說，所有的方向都是逆風。」因此，在前行的道路上，我們需要找到自己的航向，而優秀又自律的人就是我們的羅盤，引導著我們找到事業的新大陸。

你或許會問：優秀的人憑什麼願意幫助你？其實，向優秀的人靠近並不一定是為了尋求幫助，優秀的人擁有自律的品質，這種品質本身就足以感染身邊的人。

那你或許會說：「可是周圍都是跟自己差不多水準的人啊。」

這裡就涉及一個問題：如何找到優秀且自律的人呢？

- 跳出原本的惰性生活狀態，主動向優秀的同事、朋友請教。
- 利用網路及時瞭解行業資訊。
- 關注行業中的佼佼者，通過網路平臺汲取經驗。
- 適當參加一些業內成功人士的分享活動。
- 大膽邁出第一步，主動結識優秀者。

其實，還有很關鍵的一點是：努力把自己分內的工作做到極致。當你的表現足夠優秀的時候，自然會有很多人注意到你，那些優秀且自律的人也不例外。「千里之行，始於足下」，自律，就從此刻開始吧！

Tuesday ▌星期二

設立有確實意義的目標

用SMART原則制定明確、可實現的目標，

訂定截止日期，安排每日的進度，

每天踏實地往前邁進。

用目標改變虛耗精力的狀態

美國著名演說家博恩・崔西曾說：「要達成偉大的成就，最重要的祕訣在於確定你的目標，然後採取行動，朝著目標前進。」沒有目標的人生是索然無味的，安然虛度每一天，朝九晚五地上班下班，卻不知道這一切是為了什麼，枯燥乏味的生活最為難耐。而目標是你生活的調味劑，是平淡日子裡的期許，有了目標的存在，你會更有動力，而實現目標之後的欣喜也是彌足珍貴的。

字典裡對「目標」的解釋是：對活動預期結果的主觀設想，是在頭腦中形成的一種主觀意識形態，也是活動的預期目的，為活動指明方向。具有維繫組織各個方面關係，構成系統組織方向核心的作用。

通俗地講，目標就是你想做成一件什麼樣的事情，想得到什麼東西。目標的重要性不言而喻，英國十九世紀的政治家查士德斐爾爵士曾這般形容：「目標的堅定是性格中最必要的力量源泉之一，也是成功的利器之一，沒有它，天才也會在矛盾無定的迷徑中，徒勞無功。」

下面這個場景你一定很熟悉：

明明什麼都沒做，一個假期就過去了。回想這個假期幾乎一無所獲，看起來做了很多事情，一會學習專業知識，一會和老友聚會，一會為了拓展自己的社交能力而學習外語……不過好像每件事情都沒有深入，總是敷衍將就就過去了。而且，你還會覺得很累。好像每天都在忙忙碌碌，但回首來路卻一無所有，身體上疲憊，心也累。處於一種虛耗精力的狀態——即明明做出行動了生活卻沒有什麼改變。

人們之所以會覺得自己在「瞎忙」，就是因為心中沒有一個明確的目標。當你有了目標之後，就會把精力用在正確的事情上，專注力提升，努力的過程就沒有那麼辛苦了。即便會感到疲倦，也是把精力放在正確的事情上，總比瞎忙白白浪費好，心中的成就感是十足的。

哈佛大學有一個非常著名的關於人生目標的調查。調查對象是一群智力水準、家庭條件相當的大學生。研究人員對他們的人生目標進行了採訪，其中有百分之二十七的人沒有目標，百分之六十的人目標模糊，百分之十的人有清晰的、短期的目標，百分之三的人有清晰且長期的目標。

這項跟蹤調查持續了二十五年。二十五年後，研究者再一次找到當年參與調查的這批學子，調查結果頗有趣：那些為數不多的有清晰且長期目標的人，多年來一直不曾動搖，在目標領域持之以恆地努力，成為了社會各界的頂尖成功人士，收入甚至碾壓其他百分之九十七的人。

而那百分之十的擁有清晰且短期目標的人，在各行各業也是過得風生水起。他們大多對短期目標飽含熱情，努力實現一個又一個短期目標，漸漸成為了同行中的佼佼者。他們的職業大多分布在工程師、醫師、律師……

剩下的人則大多處於社會的中下層，他們渾渾噩噩地度過大半生卻一無所獲，不知道自己每天在忙什麼，糊里糊塗地虛耗精力，整日抱怨，與社會格格不入。

越是清晰的目標越能讓我們把時間和精力集中在重要的事情上。此刻，不妨拿起你手中的筆，在面前的紙上列出一份「目標清單」：

- 你想在哪個領域獲得成功。
- 具體想得到什麼樣的收穫。
- 為了實現這個目標你要完成哪些事情。
- 把這個事情分攤下來，每一天需要完成多少。

- 思考在完成這件事情的過程中可能遇到的阻礙。
- 你可能會因為什麼原因放棄目標。
- 怎樣克服實現目標過程中的困難和阻礙因素。
- 如果發現目標不恰當該如何調整。
- 除了當前方案外是否還有plan2（備選方案）。
- 你需要和誰一起完成這個目標。

沒有目標的人生就像是沙漠中跋涉的車隊，在偌大的沙漠裡很容易迷失，而目標就像是頭頂的北斗七星，指引著我們前進的方向。試想，如果沒有北斗七星，你很可能會在沙漠裡兜兜轉轉卻找不到出路。努力了嗎？確實。不過你連努力的方向都沒有，怎麼會成功呢？樹立清晰的目標吧，讓它帶你走出虛耗精力的狀態，把時間花費在那些值得的事物上。

訓練08

掌握制定目標的SMART原則

「請大家在紙上寫下你們每個人的目標，以及希望自己用多久的時間去完成這個目標。」

這樣的話，你一定聽過不只一次。在剛進初中時，老師會跟我們說：「要有目標才能有努力的方向。」在初入職場時，主管跟我們說：「要有目標才會有前進的動力。」但你真的認真思考過你的具體目標是什麼嗎？還是說只是簡單地在腦海中勾勒出一幅未來的藍圖，草草了事？不具體的目標就好像是泡沫幻影，被現實這根針輕輕一扎就破碎了。

美國文學家愛默生曾經說過：「世界會給知道自己要去哪裡的人讓路。」

然而，光知道自己要去哪裡還不夠，還要知道自己前進的方式和速度，以及預期何時到達目的地。同樣，目標的制定也要遵循一定的法則，這裡我們把它稱作：SMART法則。

S（specific）：明確性，不能籠統和抽象

明確性，就是要用具體的語言清楚地說明要達成的行為標準。「你的目標是什麼？」「我想在這座城市買一間房子。」這樣的目標就是籠統的，你可能永遠抱著想買一間房子的念想，卻永遠不能實現。擁有明確目標的人會在心裡具體規劃好：這片區域的房價是多少，一套房子需要多少錢，那麼分配到每一年需要存下多少房款基金，你需要為此做出多少努力。

再比如，你的目標是增強自媒體平臺的粉絲黏著度。「黏著度」是個很抽象的範疇。具體應該落實到各個方面，比如：每篇文章的點讚率、與粉絲之間的互動頻率，以及平臺的變現能力。

科學的目標第一大特點就是明確，而非籠統和抽象。

M（measurable）：衡量性，即需要數量化

衡量性，就是要有具體的資料來衡量你是否達標。這裡涉及兩個重要元素：目標指數、即時衡量指數。

舉個簡單的例子：A先生開了一家英語輔導機構，目標是在三年內讓這所機構在地方上變得赫赫有名。這裡的「赫赫有名」是個形容詞，也是很難衡量評判你是否達到目標。

對這一目標的修訂是：培養出一千名考到「高級口譯」證書的學生，幫助五百名學生通過雅思、托福考試。這樣一來目標就變成了可以量化的東西，你很容易通過結果來判斷自己是否實現了目標。「數量化」正是此意。

A（achievable）：可實現性，指付出努力可實現

目標不可過高或過低，要適度，可實現性，就是通過現有的時間規劃和執行力，確保可以實現的目標。

最好的目標不在於它有多高多偉大，而在於你利用現有的努力和資源是否能實現它。人雖不可好高騖遠，亦不可自慚形穢，在設立目標的時候應當科學把握，設置那種「跳一跳就能夠得著」的目標。

一百萬元的啟動資金妄想蓋八十層的高樓，小學英語水準想一次考下托福，新開的公司想要在三年內趕超世界五百強，字都沒認全的人想在一夜之間成為大文豪，這些不是目標，而是不切實際的幻想，到頭來只能是「一場空」罷了。

如果你的目標是月薪兩萬二吃得起路邊的燒烤攤，文學碩士一氣呵成寫完一篇散文……這未免過於低了，倒有幾分好笑的意味。

聰明的人會給自己設立努力就能達到的目標，這樣的目標才有意義，才能成為我們前行的動力，成為引導我們前行的啟明星，而不是可望不可即的海市蜃樓。

R（relevant）：相關性，與主要目標有關聯

我們日常生活中會設立很多「子目標」，這些小目標的前提是服務於整體的、較大的目標，二者是互相聯繫的。

「你有目標嗎？」「有啊，要努力考下國家級證書、要贏得下一次英語口語大賽的冠軍，還有……」這是Lucy最近的目標，Lucy將來想當一個英語翻譯，所以她設定的這些小目標都是為以後「當翻譯」的大目標服務的。但如果她是去考金融風險管理師的證照、去學Python的課程，就與總目標相差甚遠，是不太科學的。

T（time bound）：時限性，即完成目標的時間期限

時限性，就是目標的完成需要用多久的時間，在這段時間內確保你能夠定期核實進度。

比如，你給自己的目標是要在一年內寫完一本長篇小說，那麼這個「一年」就是時限，分配下來一天約莫寫多少章節，自己心中非常清楚。如果你總是嚷著：「我一定要寫一本屬於自己的小說！」那你可能永遠也不會提筆，或者提筆後卻不能持之以恆，因為你心裡沒有一個時間限制，就會一拖再拖。

瞭解了SMART法則，關於如何科學地制定目標你一定有了明確的方法。那麼，此刻就付諸行動吧！拿起你手中的筆，認認真真寫下你想達到的目標。

訓練09

為目標附加截止期限（deadline）

截止期限英文為「deadline」，指的是我們完成一項任務的截止時間。跟SMART法則中的「時限性」有異曲同工之妙。為什麼我們的目標需要deadline呢？看看下面這個例子你就知道了。

Helen是一名編劇，在影視行業工作很多年了，導致大學裡學的理論知識有很多都記不清了，於是她想重溫一遍莎士比亞的劇作，幫助自己重新想起教授曾經在課堂上講過的東西。這個方法聽起來非常巧妙，既溫習了名家名作，又能喚醒自己對大學課堂的回憶。

可執行起來卻萬分困難，今天接了個新劇本，明天要改老劇本，好不容易到了假期又想帶家人出去旅行，基本書翻來翻去還停留在那一頁。

在發展迅速的知識時代，很多人想要通過讀書來豐富自己，這種想法本來沒錯。但總是以三天打魚兩天晒網的態度，什麼時候才能讀完一本書呢？而讀書本就是一個連續的過程，但凡間斷了一兩天，再看情節就會覺得生疏。

這時候就需要deadline來發揮它的作用了，給自己設定一個完成任務的時間，比如，要在一週之內看完這本書，那麼平均每天看多少頁。這個數字不需要萬分精確，但最起碼要「八九不離十」，這樣執行起來才不至於倉促。有了這個deadline的小壓力，也正是有了看書的動力。

《超高效心智圖學習法》裡面有一個非常好的建議：在所選擇的讀書章節的起始位置和終止位置，各夾一個書籤做記號，以明確閱讀量和閱讀範圍。每讀完一部分就離最終目標更近一步，接近deadline的歡喜也逐漸浮現。

關於deadline有一個非常好的工作方法，這裡分享給你：番茄鐘。番茄鐘的整體概念就是：工作二十五分鐘＋休息五分鐘，有些精力充沛、注意力較強的人可以將工作時間合理延長，至於大腦休息時間五分鐘就足夠了。我們的大腦是最高效、最智慧的生物機器，其潛力超乎你的想像，所以完全不必擔心大腦會無力承受所輸入的知識量。

沒有deadline的人通常很慵懶、常常為自己找藉口。而對於一個公司或企業來說，缺少deadline無疑會導致非常嚴重的問題出現。

Ａ公司和Ｂ公司早在幾年前就談好了合作。Ａ公司向Ｂ公司提供原料，而Ｂ公司向Ａ公司提供人才輸出和技術指導，雙方秉持著互利共贏的原則，一直處於良性合作狀態。直到今年年初卻發生了一件不愉快的事情：Ａ公司很早以前就許諾給Ｂ公司的原料一拖再拖，後者每次催促起來對方都回覆：「再等等，最近物流不太通暢，再等等……」

這一等就是好幾個月。最終以Ｂ公司解除與Ａ公司的合作為結局。在那以後Ｂ公司找到了更好的合作方，而Ａ公司只剩下一大批來晚了的材料無處安放。

這個案例給我們的啟發是：光有deadline還不夠，我們還得在規定的deadline之前給自己另外設定一個截止時間，做好萬全之策，即使中間有事情延誤了一小段時間也沒關係。

Ａ公司正確的作法應當是：領導階層給下層的部門訂定的deadline，應當是在Ｂ公司規定的時間之前的一段時間，早一點運貨，這樣即便是途中因為天氣等原因稍微延誤，仍能在約定時間內完成。把deadline稍往前調一點，其實是「未雨綢繆」的運用。

在設立deadline的時候也需要遵循一定的原則：不能太過遲緩，也不能操之過急。如果你把deadline設置得很晚的話，會失去行動的動力，恰恰會導致拖延，心裡想著「反正還有很長時間呢」。如果把 deadline 設置得過早的話，則容易產生焦慮感、過度緊張感。合理的 deadline 可以督促我們採取行動、減少無效思維耗損。

如果把工作比作一個闖關的過程，那麼 deadline 就是關卡最後的那個紅色按鈕，努力衝刺過去，按響它，你的工作也就取得了階段性勝利。

你是自己人生的主人，只有你自己才能主宰自己的人生。每一天要怎樣度過，努力或者頹廢都取決於你自己。所以，給自己設定一個 deadline 吧，明確每天的任務，努力向最終的勝利衝去，如果能在 deadline 來臨之前完成任務就更好了。

訓練10

把大目標分解成小目標

「新的一年我一定要收入翻倍！」

「我一定要在半年內瘦成一道閃電！」

「我的理想就是環遊世界啊……」

以上幾句話不知道你是否眼熟？很多人熱衷於樹立偉大的目標，信誓旦旦地把宏大的目標掛在嘴邊，可是話音未落還是照舊懶惰、迷惘，如同無頭蒼蠅不知去向。目標最可貴的地方不在於它有多大，而是實現的可能性有多少。只有把大目標分解成小目標，才能一步一個腳印，循序漸進地實現它。

美國專欄作家威廉．科貝特曾有過一段迷惘的時光，彼時的他迫切地想要在文學創作上有所造詣，如同很多熱愛文字的人一樣，他渴望寫出驚豔人世的「鴻篇巨作」，但具體要從哪個角度入手卻是一頭霧水，一度陷入絕望和自卑之中。那時的他看似有目標，但卻不具體。

有一次威廉在街上遇到了好友，便向他傾訴了自己的苦惱，好友聽說後也不安慰他，只是對他說：「去我家坐坐吧。」威廉很吃驚地看著好友：「從這裡到你家最起碼要走好幾個小時啊，恐怕到那之後腳都磨破了。」朋友見狀，對他說道：「那我們就四處走走散散心吧！」

於是，兩人邊走邊聊，走到了動物園，又走到了大廣場，一路上看到了不少景致，不知不覺間竟到了朋友家中。威廉很是迷惑，好友對他說：「今天走的路你要記住，無論做什麼事情，目標要有，但你更要享受這個過程，把目標分割成一個個小段，執行起來就會相對簡單。」

聽完好友這段話，此後的威廉不再焦急地渴望一個巨大的成就，而是設立一個個很小的目標：比如每天要寫出多少字、這個月要在哪本期刊上發表文章……把目標變得細化了之後，威廉的生活變得輕鬆很多、有規律了很多。後來，他終於寫出了著名的《交際》，成為了一名非常優秀的專欄作家。

在我們分解目標的時候，還要注意它的「可考核性」。

常常有人會設立一些很空洞的目標，比如：成為一名學霸、新的一年暴富、找到一個優秀的伴侶……但卻沒有給自己明確標準：要達到什麼樣的水準才算學霸呢？是名次排進專業前十名嗎？還是說要期末考試每科都滿分。什麼樣的經濟水準才算「暴富」呢？是月薪翻倍，還是炒股盈利呢？而「優秀的伴侶」的定義又是什麼呢？是學歷要達到什麼水準，還是外形上的完美無缺？

可靠的目標具有可考核性、可測量性，是可以用某項指標來衡量的。這樣在逐步前行的過程中才能及時對照目標，看自己有沒有偏離航道，方便及時作出調整。

如果你擬訂的目標需要很多年來完成，那麼在每一年、每一階段你應該取得什麼樣的成就呢？這也是一個值得考慮的問題。正如歌德所說：「每一步都走向一個最終要到達的目標，這並不夠。應該每一站都有一個目標，每一步都自有價值。」

Z同學在大學時期，她的老師曾經找她談過一次話，那次談話無疑改變了她的人生。老師問Z同學，妳的人生目標是什麼？Z同學坦言，她希望有朝一日能夠出版自己的音樂專輯，成為一名最優秀的女演員。接著老師跟她說了一段令她終生難忘的話：

「好，既然妳確定了，我們就把這個目標倒著算回來。十年以後，妳二十八歲，那時妳是一個紅透半邊天的大明星，同時出了一張專輯。」「那麼妳二十七歲的時候，除了接拍各種名導演的戲以外，一定還要有一個完整的音樂作品，可以拿給很多很多的唱片公司聽，對不對？」「二十五歲的時候，在演藝事業上妳就要不斷進行學習和思考。另外在音樂方面一定要有很棒的作品開始錄音了。」「二十三歲就必須接受各種培訓和訓練，包括音樂上和肢體上的。」「二十歲的時候就要開始作曲、作詞。在演戲方面就要接拍大一點的角色了。」聽到這裡，Z同學感到一陣壓力。明明很遙遠的目標，支解、分配下來就變得如此清晰。而那個時候的自己仍然處於安逸的狀態之中。老師的話讓Z同學猶如醍醐灌頂，她意識到要想實現長遠的目標就必須要早作準備，把宏大的人生理想劃分成一個個小目標，這樣大目標才能水到渠成般地實現。

十年後，Z同學果真成為了國內外知名的女演員，也推出了自己第一張音樂專輯。

人生就像一場馬拉松，如果你總是盯著終點不放的話，只會在途中感到一次次的疲憊。一次次抬起頭卻發現目標遙不可及。但當你把漫長的征途劃分為一段一段，每當你到達一站的時候心裡都會充滿無盡的歡喜，然後充滿激情地衝向下一站。

目標亦是如此，有宏遠目標的人確實高瞻遠矚，但如果按照時間或者任務量把目標拆解成一個個小目標，會讓你實現目標的可能性更大，過程更輕鬆。

訓練11

每天都要有可實現的目標

美國作家唐・馬奎斯曾說：「拖延是止步於昨日的藝術。」

那些身陷於拖延的人，難道不想及時完成任務嗎？並非如此。相反，他們渴望完成任務的念頭或許比一般人還要強烈。可問題就在於，他們喜歡把工作任務積壓在一起，留在最後的時間裡完成，錯誤地認為自己具備短時間內解決所有問題的能力，殊不知問題就像是滾雪球，早在拖延的過程中越滾越大，直到最後你完全招架不住。

其實，這種心理是懶惰的表現，大量累積的任務能在一定程度上提高我們的工作效率，但一不小心就會適得其反，焦慮、恐慌、時間緊迫感……這一切都會分散我們的注意力，甚至讓心理素質不好的人全盤崩潰，還容易給人造成錯誤的認知：「看，我多勤奮，我最近都在拚命工作。」

真正明智的人，不會高估自己的體能和精力，也不會打著「勤奮」的幌子把昨天、今天、明天的事情聚集到一起，留著後天完成。正確的做法是：把大目標分解成小單位，確保自己每天都有可實現的目標，一方面能讓我們看到肉眼可見的進步，另一方面能保證自己的思維不掉線。

「每一天都要有目標」這件事對於普通人來說確實有著不同尋常的意義。

Ｈ是一家廣告公司的普通職員，他的日常工作就是按照客戶的要求寫產品文案。這幾年公司的生意越來越好，他每個月要完成的任務量也由原來的十份變成了二十份，按理說他應該工作得更加賣力才是，但他的實際生活狀態卻完全沒有改變。

Ｈ最喜歡月初的時候了，這個時候的他不必擔心截止日期的到來，每天悠哉悠哉地過日子、逛網頁，但等到一個月的中下旬他就開始著急了。客戶給的時限常常都是一個月，已經很寬鬆了。懶惰的Ｈ不好好珍惜公司的栽培和客戶的理解，平時不努力，一到月末的時候卻一副「拚命三郎」的模樣，每天熬夜、披星戴月地趕任務，還不忘更新朋友圈：一杯咖啡的圖片，配上一段文字「年輕，就是該努力！」

試想：如果他能把任務合理分配，每天完成一點點，也不至於這麼辛苦。把工作任務滯留到最後期限也是對自己身體的傷害，年輕意味著活力，但不意味著一味的消耗。而且，在這種狀態下也無法保質保量地完成任務，後期還會惹來一系列麻煩。

冰凍三尺非一日之寒，沒有人的成功是一蹴而就的，如果抱著中彩券一般「一夜暴富」的急躁心理很難做好自己的事情。成功來源於一點一滴的積累，目標的完成需要每一天的努力。如果把目標比作一棵樹苗，那麼每天都要給它澆水、定期施肥，才能長成一棵參天大樹。

如果你想要減肥，那麼就給自己定下一日三餐具體吃什麼的目標；如果你想健身，就給自己明確每天晨跑多少公里，每天在健身房鍛煉多久；如果你想成為一位銷售精英，就給自己定下每月售出多少產品或是成交幾份訂單的目標。當你有了每天的目標之後，就會發現整個人生都變得不一樣了，你不會再渾渾噩噩、虛度光陰，那些消耗在手機、被窩裡的時光也會被你分秒必爭地利用起來，每一天都活成一個鬥士，而不是一個勉強打發時光的庸人。

《老子》有言：「合抱之木，生於毫末；九層之臺，起於累土；千里之行，始於足下。」

學習需要長期的積累，追求事業也需要日復一日的努力。從今天起，就給自己設立每天的小目標吧，每天清晨時分動力滿滿地起床，你將不再眷戀被窩短暫的溫度，而是充滿活力地投入到嶄新的一天中。

訓練12

列好實現目標的具體步驟

「新的一年你有什麼目標嗎？」

「有啊，今年想做的事情還滿多的呢，想考初級會計師證書，給自己充充電，如果經濟允許的話還想帶家人出去旅行一趟，工作之後陪伴家人的時間就不多了。」

「那你準備幾月份帶家人出去旅行呢？」

「還不確定呢，等證書考完吧。」

以上的對白你是否感到很熟悉？我們總是習慣性地在新年來臨之際立下一個個目標，有些人為之付出具體的努力，但有些人只是說說而已，等到年末的時候回首過往的一年，發現自己仍然一無所獲。

每個人都想實現目標，但為何結果各不相同呢？原因是具體步驟的設計與否。

光有目標只是有了大致的方向，如果你不規劃好具體的前進步驟，那麼很容易在緊迫的時間面前變得手忙腳亂。語言堆砌起來的目標彷彿細沙建造的城池壁壘，風輕輕一吹就散了，唯有一步一個腳印，踏實地前行，才能走出一條屬於你自己的道路。目標永遠是空洞的，支撐我們的是細節。

巴爾札克是法國十九世紀著名的批判現實主義作家，剛步入文壇那幾年他並不出名，空有一身抱負的他對未來感到一片迷惘，甚至自以為很好的劇作《克倫威爾》得不到世人的認可。人人心中都有一個英雄夢，或是在人類的醫療健康上有貢獻，或是在文學界留下璀璨的一筆，巴爾札克也不例外。

彼時的他充滿雄心壯志，卻對自己的人生缺少規劃，從商失敗的他終於清醒了過來，開始靜下心來思考自己想要的究竟是什麼？此後，便專心致志地投入文學創作當中。巴爾札克一步步明晰自己的心之所向，以及為此要做出哪些努力，如果說悲喜劇的創作是他走向目標的第一步，那麼後來的小說創作則使得他進一步向自己的終極目標邁進。

一八三一年出版的《驢皮記》讓巴爾札克名聲大振，經過這段時間的摸索，他找到了自己的定位，開始把重心放在小說創作上，在後來幾年裡，陸續出版了《高老頭》、《歐也妮·葛朗台》、《入世之初》等作品，成為法國文學史上一顆耀眼的明星。

巴爾札克的明智之處在於，他能清晰地知道自己的文學夢想，然後為之做出具體的、可見的努力。一步步嘗試，劇本創作這條路走不通就換成小說，總能找到一條合適的、將他向夢想推近的道路。

一個龐大的目標可能需要很多年的努力才能夠實現，把長遠目標拆解為階段性目標，再具體分析你的每一個階段性目標，制定出實現它們的方法，這個就叫具體步驟。

N先生想要在正職工作之餘考到註冊會計師證書，於是他從網上搜索了很多備考攻略，記錄到筆記本裡。他的備考規劃是：每天早上六點起床，趁著記憶力最佳的時間背誦前一天晚上在書上圈出來的重點。七點吃早餐，八點鐘照常上班，晚上下班後回到家中上兩個小時的網課，看完課程後開始刷考古題，自己鑽研重難點；週末的時候約會計專業出身的朋友一起去喝咖啡，喝咖啡的過程也是交流的過程，N先生會在這期間向朋友諮詢一些疑難問題。

兩年後，N先生如願考到了會計師證書——這個在很多人眼裡很難、含金量也很高的證書。身邊的同事都感到很驚訝，同樣是朝九晚五，同樣是在一家小公司做普通職員，N先生怎麼就收穫了比別人更多的東西，他是怎麼做到的呢？

其實，N先生早就用實際行動證明了自己。對於他來說，目標絕不是僅僅掛在嘴邊的事情，而是由很多件需要嚴格執行的小事組合而成的，具體到某一個時間段、每一個知識點，這些都是實現目標的具體步驟，是比「目標」這個抽象的事物本身更值得關注和投入精力的。

當我們注意到這一點的時候，就會發現：一個宏大的目標之所以難以達成，不是因為它本身遙不可及，而是在實施具體步驟的過程中會面臨種種困難和阻礙，如果能針對每一個步驟找到特定的處理方法，把原來宏大的目標轉化成嚴格執行每一個小步驟，內心就會少了對大目標的畏懼，多了幾分堅定，追尋目標的過程也就沒那麼艱辛了。

那麼，現在請拿起你手中的筆，認真思考並寫出以下幾個問題的答案：

- 你想實現什麼樣的目標？
- 為了實現這個目標你需要花多長時間？
- 要實現這個目標你需要做哪些事情？
- 第一步是什麼，需要在什麼時間完成？
- 第二步、第三步，以及後續呢？
- 你的早晨、睡前這兩個黃金時間段如何安排？

- 如何完成這些具體的、細小的步驟？
- 當你遇到瓶頸的時候要怎麼解決，諮詢專業人士、上網查詢資料或是其他？

戰國時期丞相李斯曾著《諫逐客書》，文中有言：「泰山不讓土壤，方能成其大；河海不辭細流，方能就其深。」意為：泰山不排除細小的土石，所以能那麼高；長江不捨棄細小的河流，才能很深遠。放在這裡也是同樣的道理：要想成就一個大的目標，就不能疏忽其中的每一個具體步驟。

訓練13

有變動及時調整目標計畫

前面我們說到，當有了目標之後，要列好實現目標的具體步驟，堅持不懈地追求。一切建立在語言上的目標不過是一張空頭支票，唯有腳踏實地付諸行動，目標才有實現的可能性。然而，一味地執著很有可能會變質成為頑固，畢竟在追求每一個目標的過程中我們都需要付出一定的「機會成本」。

「機會成本」在經濟學上意指一個企業為了經營某一項經濟活動而放棄了另一項活動的機會，以及在這個過程中投入的最大成本，包括時間成本、經濟成本，以及放棄了除此之外其他的可能性。

同樣，我們在設立目標的時候也是如此。一旦我們下定決心在某件事上下功夫，就意味著我們要放棄其他事件可能給我們帶來的效益。比如當你選擇了考研究所，那麼就意味著你要失去選擇直接工作會得到的那份經濟收益；當你選擇了從事金融行業，就表明你放棄了投身於教育行業所能得到的收穫。

機會成本是巨大的，因而企業在制定目標的時候會格外仔細，對於我們個人來說也是如此。「機會成本」給我們的啟發就是：有變動時要及時調整目標計畫，以避免更大的損失。

目標的調整不意味著失敗，而恰恰意味著向另一個方向的成長。事物的發展是一個動態的過程，相應的目標也不應該是一成不變的。根據實際情況及時調整目標是及時止損，幫助我們將損失降到最低。

中國著名手機品牌小米曾遭遇一段「滑鐵盧」。

二〇一六年是小米的驚險時刻，彼時，企業把「銷量」視作最高目標，一切為了銷量，導致供應鏈斷裂，民間怨聲四起。當時的小米為了達到「銷量至上」的總目標，衍生出了一系列「子目標」，包括：「攻占線上市場」、「占據性價比優勢」等。

事實證明在這樣的目標指導下，小米的確陷入了危機。電商的不夠普及、vivo等新品牌的崛起，都讓小米曾經的優勢不再。首席CEO雷軍決定及時轉變目標方向，總目標由「銷量至上」變成「夯實基礎」，把目光由線上市場轉移到線下，在線下設立了多家分公司。另外，原本主打性價比優勢的小米，現在不斷提高核心技術，科學控制價格。

改革之後的小米公司取得了巨大的成功，回顧這段經歷，領導人雷軍也曾坦言：「對於一個企業來說，正確的目標和方向非常重要。」因此，能夠及時調整目標也是一種非常可貴的能力。

目標的調整對企業來說非常重要，對於個人來說亦是如此。

大學時候的室友林心中一直有著名校情結，以至於在連續兩次考研失敗後仍然想三戰，她堅信通過自己的努力終有一天會成為名牌大學的研究生，這，就是她的目標。

可是在外人看來，林邏輯縝密、擅於表達，憑她的能力完全可以在社會上謀得一份好工作，偏偏要吊在考研這棵樹上死活不放棄。經歷了兩次失敗的林開始認真反思自己，清清楚楚地在紙上列出「三戰考研」與「出去工作」的優勢劣勢、機會成本。衡量之後的林選擇了後者。她的目標也由「考上名校研究所」變成「入職一份好工作」。

林的選擇是明智的，放棄了三戰考研並不意味著她膽小、缺乏堅持。相反，能夠放下心中的執念，理性地做出選擇、轉變目標，這恰恰證明了她的勇氣。對於林來說，改變目標並沒有讓她的人生降級，反而能夠更自主地選擇自己的生活。

現在的林在一家廣告公司上班，平時的工作是跟客戶洽談合作，每個月拿著可觀的薪水，公司對她也很重視。

安德魯・卡內基曾說：「如果你想要快樂，設立一個目標，這個目標要能指揮你的思想，釋放你的能力，激發你的欲望。」一個正確的目標給人的動力是巨大的，而錯誤的目標卻會把我們引入錯誤的方向，方向錯，步步錯。切記：有變動時，及時調整目標。

Wednesday ▌ 星期三

成為高效能的行動派

別因為過分擔憂而裹足不前，
能今天完成的事不要拖到明天。
在實踐的過程中不斷發掘樂趣，
讓你保持動力，克服三分鐘熱度。

訓練14

改掉習慣性擔憂的毛病

「這次的方案要是被老闆退回來怎麼辦？」

「很擔心啊，給平臺投的稿子萬一不通過怎麼辦？」

「萬一到時候突然下雨怎麼辦，事情就辦不成了。」

「我已經做了充分的準備了，可是萬一面試官不喜歡我的面相怎麼辦？」……

不知道你在生活中或者工作中是否經常有各種各樣的擔憂？適度的擔憂可以促使人做出行動，但習慣性的擔憂會破壞人的注意力，反而使能動性降低。

我們的擔憂通常可以歸納為以下幾種情況：

為已經發生的事情而擔憂

C的父親身體狀況不太好，已經連續臥病在床兩個月了，家中的資產幾乎耗盡，病況仍不見好轉。C感到十分擔憂，接下來不知道去哪裡籌集款項給父親看病了，整日以淚洗面。

L今年參加公務員考試失敗了，為了這場考試他幾乎賭上了自己所有的時間和精力，同齡的朋友都已經快要入職了，而他還在躊躇，L心中感到非常擔憂，不知道未來的路該怎麼走，幾乎夜夜失眠。

C和L的擔憂源自於已經發生的、與心願相悖的事情，一個是沒錢看病、一個是考試失敗。兩者的擔憂都能理解，但如果轉換一種思維：C把擔憂的功夫用來想辦法籌集捐款，L把擔憂的時間用來思考接下來的道路走向，是不是會更好一點呢？

為還沒有發生的事情而擔憂

B是一名大學生，他在距離期末考試還很遠的時候就開始愁眉苦臉了，擔心自己不及格、擔心學校會向家長通報。

S是一名家庭主婦，平日裡丈夫負責賺錢養家，而她就負責照顧孩子和家庭。由於自己沒有獨立的經濟來源，S總擔心自己的丈夫出軌，同時又不敢質問，一想到自己沒有經濟獨立，就很害怕離婚。

B和S就是喜歡為還沒有發生的事情而擔憂的那一類人。

擔憂付出了努力卻得不到滿意的結果

這是很常見的一種擔憂，其具體表現在：患得患失、因為擔憂失敗就不敢付出努力，甚至壓根不敢嘗試、擔憂情緒蓋過了其他所有。

考試之前我們身經百戰，面試之前我們做足了準備，與客戶簽合約之前我們一遍又一遍地熟悉談話策略……可是一到臨近「上戰場」的時候還是會陷入極度的擔憂和緊張，更有甚者，因為過分擔憂便不敢付出行動，連嘗試都覺得多餘了。

觀察上述事例，我們不難發現：在大多數時候，「擔憂」是一種無效情緒，但同時又是無法根除的。我們能做的，只是儘可能地減少擔憂，避免習慣性擔憂，讓自己擁有更多的積極情緒。那麼，如何改掉習慣性擔憂的毛病呢？我為你提供了以下幾個建議，可依次實踐：

- 給自己心理暗示：擔憂是無用的；
- 找到擔憂的原因，即：你面臨著什麼問題；
- 思考解決問題的辦法；
- 明白已經發生的事情，擔憂沒有用：還未發生的事情尚有時間想辦法補救，擔憂是不必要的。努力了卻不一定能成功的事情，做到內心無悔即可；

- 從生理上減緩擔憂：運動、呼吸新鮮空氣、擁有充分的睡眠和健康的飲食；
- 珍愛身邊的朋友，建立積極的社交關係：可以向朋友訴說自己的擔憂和苦惱；
- 把目光放長遠，保持心胸豁達。

與擔憂相對應的另一個詞是「淡然」，即：以一種平淡隨然的態度面對生活。

關於這一點，有一個頗為動人的哲學故事：

近代高僧弘一大師有次外出，在一家寺廟化齋。廟中的侍者想要試探大師的修為，於是故意把菜做得很鹹。用餐期間，侍者問道：「大師，你覺得口味如何？」弘一大師輕輕放下筷子，答道：「鹹有鹹的味道。」

第二次，侍者故意把菜做得很淡，問起來大師卻答：「淡有淡的味道。」侍者感到由衷地敬佩。

值得敬佩的不僅僅是大師睿智巧妙的回答，而是他能始終以一顆淡然的心對之，無論飯菜鹹淡，也不管生活的苦澀與甘甜。不急不慢、不憂不擾，用平靜隨然的態度面對生活。

人生是一場交響曲，高潮與低谷皆有。生活就是要不斷探索其豐富性，在歡喜交雜中捕捉到那一點甜。與其把時間花在擔憂上，不如集中精力做好眼前的事情。

常聽人言：「不問星辰歸期，片刻即為永恆。」冗長的生活正是由無數個碎片瞬間組成的，若你能把握好當下的每時每刻，未來定不會辜負你。

訓練15

想做一件事立刻就行動

三年前——

「最近工作上發展得怎麼樣啊？」

「還好吧，好幾個編輯聯繫我出書，但我想再積澱幾年，由衷希望自己的第一本書是特別好、特別對得起自己的，至少要有一定深度吧。」

三年後——

「你的書寫完了嗎？」

「哈？還沒開始呢，這幾年一直擱置著，很多次提起筆卻沒有靈感，於是就擱下了，等到有靈感的時候再寫吧。」

一拖再拖，直到年華老去，連自己都忘記了年輕時候的寫作夢想。總是等著靈感的到來而不去主動尋找，那結果自然是不盡人意，留下無盡的遺憾。

《拖延心理學》中提到：「拖延給拖延症患者造成的內在後果，就是他們必須承受某些內在情緒的折磨，從惱怒、後悔，到強烈的自我譴責和絕望。」

事實上，很多拖延症患者心中是有明確目標的，但是他們總是習慣性地推遲，不能立刻做出行動。總是抱著僥倖心理，認為還有明天、後天，殊不知時間一如百川東流，一去不回。

美國獨立戰爭時期，英國的拉爾上校正在玩紙牌，十分投入，部下都不敢輕易打擾。彼時，華盛頓軍隊已經到德拉瓦爾了，再不做出行動就要戰敗了，這時有人來向拉爾彙報情況。昏庸的拉爾上校只顧著玩紙牌，卻沒有意識到問題的嚴重性，他想著要把手中這一局紙牌打完了再去下達命令，可是時間不等人，對手更是分秒必爭。

等到一局結束，拉爾開始下達命令的時候，一切都已經晚了，華盛頓軍隊已經攻破了英軍最核心的地方，大獲全勝。而英軍則一敗塗地，拉爾也戰死沙場。有人認為拖延是尋常小事，可是在這樣的場合，拖延一刻鐘就意味著要喪失自由、尊嚴、勝利。

拉爾心中必然是後悔莫及的，但這並沒有什麼用，時光不可倒流，拖延的那短短幾分鐘卻用了自己的一生去彌補。

想做一件事情就立刻行動，拖延帶來的只是無盡的等待和患得患失的猶豫。心理學表明，當我們作出決定的那一剎那，頭腦正處於興奮狀態，會迸發出無數的創意和思考。快速行動的優點還有：能夠及時捕捉並將自己的靈感呈現出來，避免時間久了會遺忘的問題。行動才能快速進入狀態，能夠及早發現問題、解決問題。

有些人喜歡拖延是因為擔心自己的計畫不夠全面，或者自己的能力尚未達到合格的標準。然而，要知道世上沒有任何一個計畫是絕對完美的，事物發展是一個動態的過程，隨著實際情況不斷調整自己的計畫也是很正常的，如果你總想著積澱卻不進行實踐，那麼你永遠不會知道自己的真實水準是怎樣的，只有立刻做出行動，才能得到完善。

如果你想寫一本書，那就立刻寫吧，不必先去日夜翻書三百章，也不必等到自己讀完中外所有名著，書籍的海洋浩瀚無邊，不如立刻拿起筆寫著再說。在書寫的過程中你的不足、糾結都會暴露出來，才能日益完善。極少有文學大家是第一本書就名垂青史的，他們大多要經過很多本書的鋪墊，才能取得大的成就。

如果你想把炒股作為副業，那就開始投入資金吧，不必先把股票市場研究數十年，也不必把百年來的經濟學理論倒背如流，閉門造車不如去實戰。當然，這裡並不是要你盲目地投入資金，而是鼓勵你可以從少量的資金投入開始，一點點摸索和發現。在直接與股票市場的接觸過程中你的敏感度會逐步提高，對市場的理解也會更深刻。

想做一件事就立刻行動，不要等到激情褪去，不要等到靈感消逝，不要等到時間溜走。一味地等待，只會陷入「不願行動，求而不得」的怪圈，如同山繆·約翰遜所說：「我們一直推遲我們知道最終無法逃避的事情，這樣的蠢行是一個普遍的人類弱點，它或多或少都盤踞在每個人的心靈裡。」

如果總是在等，卻不做出行動，只會留下遺憾。金岳霖等了林徽因一生，等到鬢髮花白，油盡燈枯；馬奎斯筆下，阿里薩等了費爾米納五十多年，再度重逢時，卻早已錯過人生中最美好的時段；年少時喜歡一個人，等著最合適的時間告白，等到花開兩朵、天各一方。

想做的事情很多，如果總是以尚未準備好做藉口，或者單純地因為懶惰而拖延，直至那些特別的心情沉澱到歲月裡，經受時光的打磨，碎為砂礫，化成幻影未免太過遺憾。

快速進入狀態的最佳方法就是迅速行動起來。很多人深知此理卻仍然無法做到，這裡提供一種非常好的解決辦法：做出初始行動。

「初始行動」指的是你做一件事情之前的「前奏」。一首歌有它的前奏，作用是把聽眾帶入音樂營造的整體氛圍中；小說開篇常常有背景描寫，也是為了讓讀者快速進入情境中。同樣，我們做事情也需要一個「前奏」。

如果你在寫稿和打遊戲之間徘徊，那麼，立刻打開電腦！空白的Word文檔可能讓你有短暫的不適，但也會迅速喚起你對文字的記憶，你的記憶神經會自覺給予你心理暗示：現在該寫稿了，那麼，我要確定什麼樣的主題跟立意呢？你會自然而然地進入狀態。

深夜十二點，你已經很睏了，可是手機上的各種App還在誘惑著你，你甚至願意強忍著睏意滑手機。而你每天睡前的習慣就是聽純音樂，那麼，不要猶豫，直接跳過「滑手機」這一步驟，直接進入「睡前工作」的最後一步：戴上耳機聽音樂。像往常一樣，你會在柔和的音樂聲中入睡，值得欣慰的是，比往常更早、睡眠更充足一些了。

聽了上面的建議，你現在應該做什麼呢？是否應當花兩分鐘的時間想一下，你要做的事情，然後迅速展開行動？

訓練16

對抗趨樂避苦的懶惰本能

現在給你兩個選擇：躺在沙發上看電視，面前擺著觸手可及的零食，看劇看累了還可以聽聽音樂；無償幫別人做家務，做到滿頭大汗也不准休息。你會選擇哪一個？顯然，所有人都會毫不猶豫地選擇第一個。現在給你另外兩個選擇：躺在沙發上看電視，同樣可以吃零食、聽音樂；打掃自家的衛生、打理新開的網店，與客戶溝通，面對各種刁難也不能放棄，這個過程可能會很辛苦，但你也會因此而收穫頗多。你會選擇哪一個？選項變成這兩個，很多人就開始猶豫了。

比較這兩個選題，我們發現，前者總是很快活，不需要付出任何體力或者腦力，只是單純的享受，是相當快樂的。而後者意味著付出，差別在於：在第一個選題中，「無償幫別人做家務」是一種辛苦且沒有回報的行為；而在第二個選題中，打掃雖然辛苦，卻可以打造一個乾淨整潔的生活環境，與客戶耐心地溝通，雖然可能發生不少糟心的對白，但你同時也能收穫好幾份訂單，是辛苦但有回報的。

兩種苦是不一樣的，有些苦是純粹的痛苦，是誰也不願意經受的，比如失去摯愛，比如生病，比如財產失竊；有些苦是夾雜著快樂的或者說是能衍生出快樂的，我們選擇承擔這類痛苦是為了更好地獲得幸福，所以能忍一時的不如意。

懶惰是人的本性，而趨利避害、趨樂避苦是人類的本能。所有人都嚮往輕鬆、美好的日子，誰也不會主動選擇生命中的苦難。而成功者，往往能夠對抗趨樂避苦的本能。當然，這裡的「苦」指的是有回報的「苦」，是可以主觀選擇或拒絕的「苦」。比如披星戴月地工作、寒冬臘月裡早起、堅持健身堅持腦力輸出……而不是「疾病」、「破產」之類客觀發生的苦難。

聞名世界的藝術家巴勃羅．畢卡索，出生在地中海沿岸一個中產階級家庭裡，父親是一名美術老師，母親是一名普通婦女，殷實的家境讓他從小生活在優越的環境裡，吃穿不愁、生活得無憂無慮。

按照父母的設想，畢卡索本應做一名教師，子承父業，輕輕鬆鬆也不需要經歷太多曲折。但年輕的畢卡索心中隱藏著一股關於藝術的熱血，他渴望在藝術上有所造詣，渴望自己的作品能得到世人的認可。

藝術來源於生活。在一場大病之後，畢卡索和幾個朋友決心去深山中探尋奧祕。崎嶇的山峰、陡峭的山路，無數次面臨險境，夜間就在山洞中留宿，冷了就點燃篝火取暖。在如此艱辛的條件下，畢卡索等人待了整整三個月的時間，在這三個月裡，他大多數時間都在觀察和作畫，山間的飛禽走獸、花鳥魚蟲，都成為他靈感的來源，紛紛化身為素材融入他的畫作中。

藝術是什麼？在年輕的畢卡索看來，藝術就是走進大自然，去觀察、歷險，走出安逸的、平淡無奇的生活，經歷一些刺激又豐富的事情，靈感的火花在這個過程中得到綻放。

如同畢卡索一樣，很多人擁有選擇安逸生活的權利，不需要太過拚命也可以勉強過好這一生，但有的人偏不。他們寧可傾盡全力，對抗懶惰的本性，去換取一個精彩的、值得一過的人生。

趨樂避苦是人類的本能，打破本能是一件很難的事情，但是當你開始嘗試直至打破之後就會發現一個新天地。當自律成為你的習慣，不需要刻意就能保持積極向上的狀態，你就離理想中的自己越來越近了。

托馬斯．布朗曾說：「人是為了內心的感受而活。」

為什麼我們要走出舒適區，要克服趨樂避苦的本能呢？這個問題可以換作：為什麼我們一定要努力呢？原因有兩個。

其一，除了努力、拚命上進之外沒有別的選擇，為環境所迫，因而在極端的環境下爆發，為了生存只能吃苦磨礪，如果放棄掙扎選擇了物質上的舒適，就意味著死亡或潰敗。

狼毒花大多生長在海拔四千八百公尺高的青藏高原上，其根有劇毒，可製成中藥。這種植物的特點是根系強大、吸水能力超強，其根深入土地極深，能夠適應乾旱寒冷等極惡劣的環境，一般的草本植物難以與之抗衡。

正是糟糕的環境迫使狼毒花不斷進化，直至能夠打敗所有的競爭者，在惡劣的環境中生存下來。倘若它早早地偃旗息鼓，寧願像溫室中的花朵一樣等待他人的澆灌，恐怕早已在殘酷的自然競爭中被淘汰了。

植物如此，人亦然。

其二，有選擇的空間，向前一步可以有更好的生活，向後一步也不至於落到深淵，一分耕耘一分收穫。

那麼，如何才能有效對抗趨樂避苦的本能呢？

行動力來自於清晰而深刻的認知。你不妨先思考這樣一個問題：如果選擇安逸，也就是選擇短暫的「樂」會有什麼後果？如果選擇拚搏，忍受暫時甚至較長一段時間的「苦」會有什麼後果？

選擇短暫的「樂」，不過是偷身體上的懶，圖一時的心情愉快，對於實現你的目標沒有任何幫助，反而有消極作用。等到那點沒有價值的「樂」散去之後就只剩下無盡的悔恨和自責。選擇暫時甚至較長一段時間的「苦」，是在為未來做積澱，這些苦不會白受，一定會以另一種形式回饋給你。

放下你手中的手機吧，停止逛無聊的網路新聞，杜絕無數次點開不斷更新的網頁，去做你真正想做的事情吧，不要被眼前的困難嚇倒，你就一定可以一步步走往心之所向。

訓練17

今天的事不要推到明天做

「明日復明日，明日何其多
我生待明日，萬事成蹉跎
世人若被明日累，春去秋來老將至
朝看水東流，暮看日西墜
百年明日能幾何？請君聽我明日歌」

上面這首〈明日歌〉你一定不陌生，這首詩歌是明代詩人錢福所作，詩人在詩中警示人們珍惜時光，活在當下，不要把今天的事情推到明天做，這樣日復一日只會虛度光陰。人生短短不過百年，如果總是寄希望於明天，這一生便在不知不覺中索然無味地過去了。

美國第三任總統湯瑪斯．傑弗遜曾給他的後代提出十條忠告，其中第一條就是：今天能做的事情絕對不要推到明天。

把今天的事情推到明天做，看似只是推遲了一天，其實是在不經意間加深了你「時間還來得及，現在不做也可以」的微印象，你的大腦會記住這條訊息，時間久了就會變成慣性思維，這種拖延的慣性思維無疑是我們前進路上的巨大的絆腳石。

一九九九年，時值酷暑，美國洛杉磯地區的氣溫一度上升到四十攝氏度，人們都躲在家中不敢出門。烈日炙烤著大地，處處散發著焦慮和煩躁的氣息。當時的海爾公司正在籌備著設備運輸的相關事項，在公司辦公室裡，零售部經理丹先生正在和員工進行著激烈的爭論，一部分零件因為駕駛員失誤的原因還擱置在路上，負責該專案的員工認為此事無可厚非，過幾天再運來也無妨。但經理執意要求務必當天送達。最終，在他的堅持下，零件準時送達，沒有對銷售造成負面影響。

得益於嚴謹的做事態度、今日事今日畢的原則，海爾貿易公司才能取得良性發展，在激烈的世界市場競爭環境下立於不敗之地。

一個公司如此，一個人更應該如此。

很多人在拖延的時候會存在著僥倖心理，他們認為：我只是推遲了一天啊，也沒什麼大不了的。殊不知，「推遲」最可怕的地方就在於會讓你養成習慣，等到了第二天又會想，推遲到明天也沒什麼大不了的。與此同時卻忽略了這個問題：明天有明天要做的事情，如果把今天的事情推到明天，就意味著要把明天的事情推到後天，如此一來，心中時刻存在著恐慌、焦慮，拖延讓人不得心安，連當下的時間都不能好好把握了。

一個成熟的職場人應該明白一個最基本的道理：當天事當天完成體現的不僅僅是一個人的自律、勤奮，更是對職業的尊重。只有對一個職業懷有敬畏和尊重之心，才能獲得成長，不然只會永遠在原地打轉。聰明的人會在每天早晨醒來告訴自己，這是全新的一天，在這一天裡需要完成哪些事情才能心安理得地入睡。

德國劇作家歌德在他的《浮士德》中寫過一段話：「一天也不能夠虛度，要下定決心把可能完成的事情一把抓住然後緊緊抱住，有機會就絕不任其逃走，而且必定要貫徹執行。」

歌德也用實際行動證明了自己的觀點，他一生勤勤懇懇，造詣驚人。

那麼，如何高效地抓住當下，把今天的事情做好呢？以下幾個建議希望你能如數吸收：

把握好「黃金時間段」

合理安排時間，把握好早晨和晚上這兩個「黃金時間段」。早晨是人記憶力最強的時段，這個時候可以安排一些需要記誦的任務，晚間是最安靜、思緒最平靜的時間，適合用來做一些需要思考的任務。

抓住零碎時間

很多事情都是可以在零碎時間完成的，比如背單詞、在手機上流覽網頁查詢資料、回覆工作消息、閱讀一些易於理解的書籍……只要你用心發掘，會發現日常生活中有很多零碎時間：排隊的時候、在車站等人的時候、候餐的時候、搭捷運的時候……利用好這些零碎時間，可以讓我們提高一大截。

合理排序，科學工作

顧名思義，就是把每天要做的任務排序，然後依次完成，就能減少很多猶豫和糾結。可以按照「重要性」排序，也可以按照「難易程度」或者「緊急程度」排序。首先把最重要的那件事完成了，心裡的包袱就會輕很多。

提高專注力

做事情的專注程度甚至比努力程度更重要。盲目的努力很容易變成自我安慰，而找準方向下功夫卻可以幫助我們實實在在提高工作效率。健康的飲食、規律的作息，這些都可以幫助我們提高專注力。此外，整潔的工作環境、避開手機等干擾因素，都能讓我們的注意力更集中。

于沙曾說：「時間是一位可愛的戀人，對你是多麼的愛慕傾心，每分每秒都在叮囑：勞動、創造，別虛度了一生。」如果你浪費時間，輕易地把今天的事情推給明天，早晚會受到時間的反噬。珍惜當下吧！今日事今日畢，當你邁出第一步的時候，心中會充滿了成就感。

訓練18

克服虎頭蛇尾的三分鐘熱度

「我下定決心了！我一定要減肥，瘦成一道閃電，讓曾經拋棄我的男友後悔一輩子！」

這句話Allen已經說過無數遍了，曾經的男友和Allen提出了分手，Allen一直認為對方是嫌棄自己身材不夠好，於是下定決心要減肥，要成為一個漂亮而精緻的女子。

於是，她開始頻繁出入健身房，社區附近的跑道上也出現了她的身影，晨跑、夜跑一個也不落下來，一日三餐只攝入足夠的能量，多餘一點的食物都不吃。正當身邊的朋友以為Allen真的要如願變成一個纖瘦的美少女的時候，她自己卻最先放棄了。

起初是桌上的飯菜變多了，出入火鍋店的頻率也變高了，每逢有飯局，Allen

都興致高漲，第一個衝上去。Allen對自己說：「民以食為天，要是吃都吃不好那生活還有什麼意思啊。再說了，網上說減肥主要還是靠運動，克制食量對身體有害呢。」過了一陣子，連跑道上也見不著Allen的身影了，她在朋友圈抱怨：「早上實在是太冷了，被窩太溫暖了，根本起不來。晚上又天黑得早，我下班以後時間就不早了。」

就這樣，Allen又一次放棄了自己的「減肥計畫」。其實，早上雖然有點冷但完全是可以克服的，晚上下班的時間並不算晚，如果她能把時間花在跑步上，而不是追劇上，完完全全是夠的。Allen這麼說只是在為自己的「三分鐘熱度」找藉口罷了。

三分鐘熱度，用來形容那些心血來潮地制定好目標，然後鬥志昂揚地執行，卻很快半途而廢，最終以失敗告終的人，Allen就是其一。他們嘴上喊著：「我要努力！我要奮鬥！我要改變現狀！」於是迅速投入到工作或者學習中，這種立即執行的能力是很值得推崇的，可問題是，很多人堅持一會兒就因為各種各樣的原因放棄了，或許是覺得難，或許是覺得累，但他們忘了，努力本來就是一個消耗能量的過程，我們在這個過程中輸出智力、體力，也會得到相應的回饋，哪有不費吹灰之力就能得來的成功呢？

John是一名普通的上班族，但他從大學時代起就有學一種樂器的想法，心裡面隱隱覺得那些能在婆娑樹影下彈一首民謠的男孩子真是美好極了。John在大學二年級的時候也曾想過報吉他的輔導班，可那時候忙著專業課和考各種證書，週末的時候要去學校外面的駕訓班練車，始終騰不出來時間。

現在終於工作了，有了一定的經濟實力，時間上面也寬裕了些許，John打算重拾大學時的愛好。可是，買一把什麼樣的吉他好呢？John在網上查了很多新手攻略，比對了一個又一個品牌，好不容易找到一把稱心如意的，又開始糾結報哪個樂器輔導班。一來二去時間又過去了兩個月，John還是沒有開啟自己的學習計畫。

好不容易吉他到手了，課程也報了，John卻發現生活中還有許許多多瑣事要處理，新吉他拿到手不到兩個月就丟在了牆角，落滿了灰塵。

像John這樣容易半途而廢的人並不少，大張旗鼓地開始，垂頭喪氣地結束。其實，但凡能讓我們充滿「熱度」的事情，哪怕只有一分鐘，也說明我們對這件事是熱愛的，但消極心理會遏制我們繼續追求它。就這樣半途而廢，是不是太過可惜了？

怎樣才能克服虎頭蛇尾的三分鐘熱度呢？以下提供了四點非常好的方法：

一段時間內只專注做一件事

專注力是非常重要的元素，在有限的時間內我們只能做有限的事情，如果一度挑戰自己的抗壓能力，想要短時間做完各種各樣的事情，思維需要在不同的場景下急速切換，結果很容易令你失望。

不斷發掘樂趣，避免陷入枯燥和厭倦的狀態

一個大的目標通常需要很長時間來完成，這個過程很可能是枯燥的，為了防止你過早厭倦，需要在尋常的生活中找到樂趣，能夠開心地追尋自己心中所愛。

制訂循序漸進的計畫

有時候我們之所以容易做事情三分鐘熱度，就是因為缺少計畫。游離於計畫之外的事情似乎總是可做可不做的，所以務必要制定清晰明確的計畫，將你的目標植入其中並按時完成。

尋找志同道合的夥伴，互相監督、一同前行

一個人能走得很快，但一群人才能走得很遠。找到志趣相投的夥伴，平日裡一起努力，鬆懈時互相監督，失敗時相互鼓勵，這樣才能離目標更近一點，不至於輕易放棄。

訓練19

討厭的事情也得認真做好

很多人之所以拖延，是因為他討厭某件事情。

小敏在一家公司做財務會計，每天要處理各種各樣的資料，一整天都面對著Excel表格更是常事，小敏感到非常抓狂，每天在朋友圈發一些很累、很喪氣，甚至想辭職的文字。小敏大學時主修工科，是一名典型的工科女，思維嚴謹、頭腦活躍，畢業時卻因為家庭原因迫不得已做了一名會計。

這算是跟她的喜好徹底背道而馳了，讓一個本就醉心於科學研究的人整天處理資料，聽起來確實難以忍受。但這畢竟是現在的本職工作啊，而小敏卻每天抱怨著：「我真的不想做自己討厭的事情，人難道就不能一直做喜歡的事情嗎？」一面抱怨，卻又沒有更好的選擇。整天都過得委屈又彆扭，工作任務常常不能及時完成，好幾次影響到薪資發放，老闆差點直接把她炒魷魚。

「小孩子才把喜歡掛在嘴邊，大人都是看價值。」一個成熟的人，在判斷一件事情要不要做的時候，衡量標準不是「喜歡」或「討厭」，而是「值不值得」。人們應該遵循結果論，即：能不能帶來實際效用。你或許會說：「我認為我喜歡的就是值得的，就是高價值的。」要知道，盲目地以「喜歡」來做決定，是需要承擔一定的後果的。

做喜歡的事情是一種本能，做討厭的事情則是一種本領。一個人能夠打敗內心的不情願，控制自己的情緒，對抗趨樂避苦的本性，毅然選擇做「討厭的但正確的事情」，必然是一個很優秀的人。

青年作家韓寒在他早期的作品中寫道：「我所理解的生活，就是和喜歡的一切在一起。」曾被無數年輕人奉為人生真理。學生時代的韓寒，叛逆、自由，敢於打破傳統教育的桎梏，甚至做出了很多人敢想卻不敢做的決定——退學。

很多人對他的印象是：酷！敢於追求自己喜歡的東西，與自己討厭的事物一刀兩斷。

十幾年後的韓寒，閱歷更加豐富，看人生的角度也更加全面、立體，在接受媒體採訪的時候，他坦言，現在覺得自己當年盲目退學的行為是錯誤的，希望大家不要模仿。知識雖然枯燥，教育也許乏味，但必然是有一定的意義的，學習其實是磨鍊心性的過程。比起肆無忌憚地做自己喜歡的事情，他更希望當下的年輕人把有意義的事情做好。

人們之所以擅長自己喜歡的事情，是因為內心的偏好會讓我們不自覺地傾注努力，就會越來越好，當我們嘗到其中的甜頭的時候，便會更加努力，從而形成一個良性的循環。對於討厭的事情則恰恰相反。

那麼，討厭的事情就不可能做好嗎？並非如此。只要你肯傾注努力，一樣可以做得出色。

中國著名現當代文學家梁實秋在他的散文集《清華八年》中提到過一個有趣的故事。先生早年在清華讀書，對數學深惡痛絕，每次考試都如臨大敵。他常常想：「我以後又不準備從事理工類工作，學這東西幹什麼。」於是，以「不喜歡」遮掩自己的懶惰。

後來赴美留學，清華的成績單上數學成績勉強剛及格，需要補修三角函數和立體幾何。先生一方面感到懊惱，一邊覺得恥辱，於是拚命努力，鑽研數學，最終取得了班級第一的好成績，特准大考免予參加。

先生在文中直言：「這證明什麼？這證明沒有人的興趣是不近數學的，只要肯按部就班地用功，再加上良師誘導，就會發覺裡面的趣味，萬萬不可任性，在學校讀書時萬萬不可相信什麼『趣味主義』。」

可見，只要你能在不喜歡的事情上下足功夫，糟糕的現狀是可以扭轉的。當你內心開始迴避某件你討厭的事情的時候，不妨問自己幾個問題：

- 這件事情重要嗎？
- 討厭的原因是什麼，是因為不擅長還是因為回報週期太長？
- 做了這件不喜歡的事情你能收穫什麼？
- 如果不做會有什麼樣的後果？
- 你有選擇不做的餘地嗎？
- 如果不做這件事情，你還有別的效益更大化的選擇嗎？
- 你有多長時間來完成這件事情，時間允許你拖延嗎？
- 怎樣才能讓這個過程不那麼枯燥？

問清楚這幾個問題之後你就可以開始行動了。李陽曾說：「只有先認真做好自己不願意做的事，才有資格去做自己想做的事。」希望你能做好自己不喜歡甚至討厭的事情，讓這些事情成為你成功的墊腳石，朝著自己的理想生活大步邁去。

Thursday ▌星期四

讓時間價值最大化

四象限分配工作輕重緩急；

二八法則完成關鍵任務；

番茄鐘幫助勞逸結合、提高效率……

活用時間管理技巧，完成工作、實現目標。

訓練20

把事情按照輕重緩急排序

楊是一名大四的學生，最近面臨著畢業論文和就業的雙重煩惱。楊早早就聯繫上了一家諮詢公司並開始實習，公司離學校很遠，來回路上就要花兩個小時，同時他也面臨著跟所有應屆生一樣的煩惱：畢業論文。

眾所周知，畢業論文不過關學校是不准許畢業的。忙碌的生活讓楊難以喘息，每天穿梭在地鐵、校園、公司裡，當周圍同學把大量的時間和精力投入到畢業論文中時，他卻忙於公司的事務，犧牲了寫論文的時間。公司老闆對楊賞識有加，同時學校傳來的消息卻讓他措手不及：畢業論文沒有通過，不予頒發畢業證書。

這個消息如同晴天霹靂一般，讓楊感到無所適從，心中追悔莫及。拿不到畢業證書就意味著四年本科的努力付諸東流，而公司最後也不會給一個大學沒有畢業的實習生轉正的機會。楊陷入了巨大的苦惱之中，開始懊悔為什麼之前沒有把時間分配好，當他是一名學生的時候卻沒有把主要精力放在學業上，導致了這樣難以接受的結果。

把事情按照輕重緩急排序，其實是時間管理的一大要素。日常生活中，我們每天都有很多事情要做，如果總是隨心所欲、想到哪件事就做哪件事情的話，最終的結果就是混亂、繁雜。在有限的時間裡，把最重要的事情放在首位，這樣才能最快減輕我們的心理負擔，讓我們更高效、更自如地完成「次要」的事情。

那麼，如何把一堆事情按照輕重緩急依次排序呢？

美國著名管理學大師史蒂芬・柯維曾提出時間管理的「輕重緩急四象限」原理，把所有事情按照緊急程度劃分為四個範疇，即：第一象限為重要且緊急的事情；第二象限為重要但不緊急的

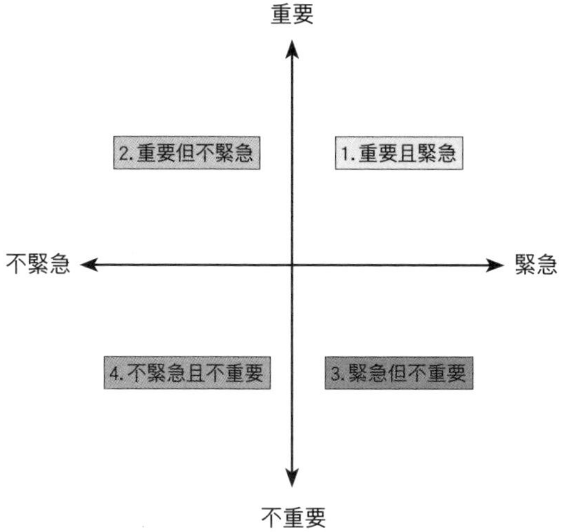

輕重緩急四象限

事情；第三象限為緊急但不重要的事情；第四象限為不緊急也不重要的事情。

重要且緊急的事情

這類事情應當是放在最首位的。對於醫師來說，給病人做手術、進行醫學治療就是最重要的事情，而且容不得一分一秒的拖延。對於律師來說，準備好充足的材料，及時走上法庭為他人辯護就是最重要的事情。對於外賣員來說，按時把食物送到客戶手中就是最重要的事情。

重要且緊急的事情，應當「立即」去做。

重要但不緊急的事情

比如，健身、學習第二外語、研讀某本專業書籍、建立一段人際關係……這些都是能夠幫助我們提高自身素質的事情，但並非是急迫的、非要當下執行不可的。這類事情可以放在次要的位置。重要但不緊急的事情，要「有計畫」地去做。

緊急但不重要的事情

突然收到的朋友聚會的邀約、快遞公司催促取快遞的電話、他人臨時請求我們辦到的事情，這些都是屬於緊急但不重要的範疇。但由於其緊急性，常常給我們造成「這件事情很重要」的錯覺。這類事情大多是可以推辭掉的，或者可以在一定程度上地延遲，並不會打亂我們原本規律的生活計畫。

緊急但不重要的事情，可以選擇委婉地「拒絕」，或者在時間充裕的時候處理。

不緊急也不重要的事情

這類事情做起來完全就是浪費時間了。很多人覺得時間不夠用，恰恰是因為浪費在這類事情上了。看無聊的小說、滑手機、看搞笑影片、工作過程中跟朋友閒聊，寶貴的時間就這樣一點一點消耗了，而自己卻渾然不覺。

雖然小說或者影音等這類以電子產品為載體的娛樂方式，確實能在一定程度上讓我們感到放鬆，在忙碌的工作之後刺激我們疲憊的感官，但如果過度沉迷，只會適得其反。對於這類「不緊急也不重要的事情」就儘量不做。

你發現沒有，其實上述提及的「輕重緩急四象限原理」，核心是以「價值」為基礎。我們做任何事情都脫離不了其價值意義。虛度年華、浪費時光，那不會是智者的選擇。通過下面這個例子，你會對四象限原理有更深一步的理解。

小吳在一家公司的銷售部門工作，近期發展了好幾個客戶，其中有兩位原是對公司的產品有強烈興趣的，在與他們溝通的過程中小吳能夠感受到他們的熱情，至於另外幾個則是抱著「瞭解一下但不一定買產品」的心理。

自然，小吳會把更多的時間花在與前者的交流溝通上，而對於後者雖然是有問必答，但投入的時間和注意力並不多。對於小吳來說，與前面兩位有明確購買意向的客戶溝通就是他「重要且緊急的事情」，而後者則是「重要但不緊急的」，可以適當放緩。

小吳除了本職工作之外還發展了一項副業：攝影師。攝影是小吳大學時期培養起來的愛好，畢業後就作為副業了，週休的時候他會接一些私人的案子，幫顧客拍寫真。但是每當工作上有事情急需處理的時候，小吳就會暫停接單。因為對於他來說，本職工作才是最重要的。

希臘哲學家泰奧弗拉斯托斯曾說：「時間是一切財富中最寶貴的。」分配時間的過程和理財的過程有異曲同工之妙。古語有言：「錢要用在刀刃上。」同樣，時間也要花在最需要的地方。是時間塑造了生命的意義，如同前蘇聯作家奧斯特洛夫斯基的著作，《鋼鐵是怎樣煉成的》中所說：「當我們回首往事時，不因虛度年華而悔恨，也不因碌碌無為而羞愧。」這樣方能成就一個優秀的自我。

訓練21

用好高效的「黃金時間」

午休時間，Cindy正在趕一個案子，客戶催很久了。

廣州的中午常年燥熱，Cindy一邊強忍著睏意一邊盯著電腦螢幕，手指在鍵盤上敲敲打打。公司的制度是早晨八點上班，Cindy每天打卡完畢坐到辦公桌上的第一件事是打開手機，逛網拍、回覆訊息，或者流覽網路新聞，等到太陽升到正空中了，同事們進行短暫的午休，這時候Cindy才想起來自己還有任務沒完成。

Cindy的另一個生活習慣跟大多數人很像：每晚睡覺之前必滑手機，各種App全部滑完一遍才肯入睡，常常是手機掉到了臉上才恍然發現自己睏得不行了。

而跟Cindy截然相反的是同事Tom。Tom每天總是熱情滿滿地上班，及時完成每一項工作任務。此外，Tom還兼職了英文翻譯，常常利用每晚睡前的時間背英語單詞。

生活中，我們很多人渴望成為勤勞、自律的Tom，卻不小心成了懶惰、拖延的Cindy。當然，相比於Cindy，Tom還有一個明智之處就是擅於利用「黃金時間」。

黃金時間原意是指一天當中廣播電視收聽頻率最高的時間段，現在泛指各種「最高效、最寶貴」的時光。關於「黃金時間」，大致有以下幾段：

早晨六點

「一年之計在於春，一日之計在於晨。」早晨六點被公認為記憶力最佳時段，這個時間可以用來背記一些知識，對於學生來說更要充分把握。無論是背記英語單詞或是古詩詞，都有很好的效果。

八到十點

這段時間是人的思維很活躍的「黃金時間」。經過了一晚上的休息，大腦細胞重新活躍起來，此時是人的精力最充沛的時候，適合用來攻克難題。這也是為什麼大多數公司的上班制度就是從早上八點開始，就是因為這個時間最利於員工發揮自己的才智。

十八到二十點

這段時間是人最沉著的時間，適合用來歸納整合一天的工作、學習任務。人的身體狀態很大程度上會受到自然天氣的影響，日暮西沉時分，光線溫柔，浮躁的心也會變得安定下來。

入睡前的時間

入睡前那段時間是加強記憶的最好時間。從事文字類、語言類工作的人應當抓緊這段時間。人與人之間的差別有時候就是在這短短一段時間產生的。

以上提供了四個「黃金時間段」，劃分的標準是人體的精力和各項機能。但在日常生活中我們不必循規蹈矩，每個人的排程、時間分配各不相同，要根據自己的實際情況來確定自己的「黃金時間」。在什麼時間生理狀態和心理狀態最好、周圍環境最佳，能夠最高效地完成工作任務，這就是你要找的「黃金時間」。

叔本華曾說過：「普通人只是想如何打發時間，有才能的人則設法利用時間。」上帝在時間分配上是公平的，所有人一天都只有二十四個小時，然而我們不會把二十四個小時全部用來工作，中間還充斥著休息、娛樂、社交等。那麼，如何抓住這二十四個小時當中最寶貴的時間，用來完成那些最重要的事情則是一個聰明人應該考慮的問題。

「黃金時間」對於不同的人來說被賦予了不同的意義，始終不變的是其高效性、短暫性，能否抓住屬於你的黃金時間，就決定了你能否在效率上勝出競爭者一籌。那麼，如何精確定位你的「黃金時間」呢？可以按照以下幾個步驟執行：

- 在備忘錄上列出每日事項；
- 列出自己能夠抽出來的所有時間；
- 找出周圍環境最好、最適宜的時間段，即為黃金時間；
- 把最重要的事情放在「黃金時間」段完成；
- 其他事項放在其他時間完成。

有時候，「黃金時間」並非自然存在的，需要我們自己打造。怎樣打造一段屬於你自己的「黃金時間」呢？需要從以下幾個方面入手：

- 自然環境上：以舒適、開闊、安靜為重要元素。
- 生理上：頭腦清醒、充滿活力、思維清晰的時段最好。

- 生活環境上：排除手機等設備的干擾因素，讓自己更加專注。
- 時間段的選取上：儘量選擇大段的時間，不至於在執行任務的過程中被打斷。

設定好「黃金時間」，能夠取得事半功倍的效果。富蘭克林年輕時喜歡泡圖書館，對他而言，每天待在圖書館的那兩個小時就是他的黃金時間，他曾坦言：「圖書館使我得以有恆地研習而增進我的知識，每天我停留在裡面一兩個鐘頭，用這個辦法補足了我失掉的高深教育。」表面上是圖書館給了他巨大的幫助，實質上是那兩個小時的「黃金時間」讓他在科學事業上取得了巨大成就。

抓住屬於你的黃金時間吧，讓時光見證你的蛻變，向著理想的人生邁進！

訓練22

重視不起眼的零碎時間

在我們日常生活中，有很多零碎的時間，比如排隊等餐時、乘車時、在電影院等人時……這些不起眼的零碎時間常常被人們忽視掉。

有人曾經算過這樣一筆帳：假設我們每天早上賴床的時間為十分鐘，上廁所的時間為五分鐘，排隊買飯、等車的時間共計三十分鐘，再加上其他的零碎時間約為四十分鐘，加起來一天就有一小時二十五分鐘，一年就是五百一十七個小時，相當於整整二十一天的時間。

二十一天，足以養成一個習慣；二十一天，足以培養一段戀情；二十一天，足以適應全新的工作……二十一天意味著太多了。看似不起眼的零碎時間，累積起來卻非常驚人。如果我們放任其流逝，便得不到任何回報。如果我們能抓住零碎時間，將其用來學習、工作，或者豐富自己，將會得到許多意料之外的收穫。

著名的生物學家達爾文用親身實踐論證了那一句：「我從來不認為半小時的時間是微不足道的。」

青年作家陳大力就曾用一整年乘地鐵的時間寫出了人生中的第一本書，並且取得了非常好的銷量。知名媒體「十年後」在採訪陳大力的文章中寫道：「你在地鐵上滑手機，她在旁邊寫了十三萬字。」

彼時的陳大力還不滿二十歲，卻寫出了由三十篇小說組成的合集。在接受採訪的時候，她說道：「兩個月，三十篇小說，多數都是在實習上班的地鐵上敲出來的，還有四分之一的課間，四分之一的凌晨。」

正是這些零零碎碎的時間，組成了一部令人動容的小說集，也讓青年作家陳大力以一個「天才少女」的身分走進了大眾的視野。

零碎時間是拉開人與人之間距離的重要因素之一。著名數學家蘇步青教授在分享自己的學習方法時說道：「我把整段時間稱為『整匹布』，把點滴時間稱為『零星布』，天天二三十分鐘加起來，就能由短變長，派上大用場。」零碎時間的作用不容小覷，尤其是在匆忙的都市，人們每天都要花費很多時間在等車、排隊上，把這些時間充分利用起來就能積少成多。

英國政治家威廉·科貝特在他的作品《給青年人的勸告》中有過一段關於零碎

時間的論述：「平常在咖啡館用掉的時間以及附帶著的閒談所用掉的時間——一年中所浪費掉的時間，如果用在文法的學習上，便會使你在餘生中成為一個精確的說話者、寫作者。」中國著名散文家梁實秋先生也曾坦言：「如果沒有在早年養成愛惜光陰之良好習慣，我很難取得成功。」

零碎時間有很多，那麼怎樣才能具體捕捉到它們並用來提升自我呢？概括起來有以下幾種方法：

利用「銜接式」時間

人們在一件任務和下一件任務交接的時候會留有一定的時間空隙，這是很常見的零碎時間。比如點完餐之後排隊等叫號、洗完澡之後到上床睡覺之前的那段時間。這類時間我們通常會用滑手機打發掉，但也可以用來做一些提升自我的事情，比如：聽喜歡的音樂、電臺，背一些單詞，或者單純地思考接下來的排程。

利用「並列式」時間

顧名思義，「並列式」時間指的是同一段時間可以用來做兩件事情。這可不是要你一心二用，而是指放任一件事情自然進行然後集中精力做另一件事情。比如，煮飯的過程中處理工作任務、洗衣機洗衣服的過程中可以整理電腦桌面，而不是一味地等待。

恩格斯是著名的思想家、哲學家，他在利用零碎時間方面也頗有心得。一八四八年，恩格斯乘船從義大利前往英國。航行的過程中人們尋歡作樂、觥籌交錯，以此逃避行程的枯燥，而勤奮的恩格斯卻用這段時間來研究航海學，他在隨身攜帶的本子上記錄下潮漲潮落、風向和太陽的位置。

減少零碎時間

你或許會好奇，本章論述的主題即為有效利用零碎時間，為何此處卻提倡減少零碎時間呢？誠然，如果能將零碎時間控制到最小化，將任務與任務之間交接的時間壓縮到極致，那麼你便會有更多的整段的時間，在整段的時間裡我們更容易集中注意力，完成負荷較大的工作。如果排隊的時間太久，那我們不妨避開人潮高峰期；如果不想被閒聊消耗了時光，不妨早一點結束無聊的話題。

有人做過一個實驗：往水桶裡加石子，很快就裝滿了，然而繼續往裡面加細沙，依然能夠盛得下。你以為到此就結束了嗎？並沒有，還可以繼續往水桶裡倒水。同樣，我們常常被忙碌的生活捆綁住，感到所有的時間都被填滿了，其實並沒有，還有很多被我們忽視的零碎時間等待發掘。如果能把這些零碎時間全部利用起來，你的生活一定會有特別的驚喜。

訓練23

一次用心把一件事做好

中國有句古語：「逐二兔者不得其一。」意思是說：如果想要同時得到兩樣東西，最終的結果就是一無所得。一個人在做事的時候也是如此，如果總是心猿意馬，同時進行兩件事，最終的結果就是一件也做不好。效率固然重要，但我們強調的是正確地提高效率，而不是迫切地想要提高速度而忽略了品質。一次用心把一件事做好，才是提高效率的正確方法。

L就是一個喜歡「一心多用」的人，電腦上好幾個軟體一起開著，一邊在Word文檔裡打著字，一邊放著音樂，時不時螢幕右下方的通訊軟體的小綠標一閃一閃，L就會立即點開回覆。一邊忙著整理與上一個客戶訪談的資料，一邊跟下一個客戶進行溝通。L每天都恨不得自己擁有哪吒般的三頭六臂，幫助他完成各種各樣的事情，殊不知是自己的做事方式出現了問題。

這樣「同時做很多事情」的工作方式很快令L筋疲力盡，寫稿的思路被轟炸的訊息頻頻切斷，浮躁的狀態讓他難以保持頭腦清醒，在跟客戶溝通的過程中險些出了差錯。年末，公司開會的時候L並沒有得到主管的提名表揚，相反，一直默默無聞的同事C卻受到了讚揚。

L心裡十分不解：明明我才是那個最努力的人啊，每天做很多事情，從來不會偷懶和鬆懈，為何結果還是這樣不盡如人意呢？是自己還不夠努力嗎？L開始下意識地觀察C的工作習慣和生活習慣，想要從優秀的人身上取取經。

L很快發現，C有個特點就是做事情非常專注。當他和這一個客戶聊得熱火朝天的時候，絕不會點開另一個客戶的訊息方塊；當他寫文字或者進行資料分析的時候，一切社交軟體都是關著的。不難發現，C所堅持的原則就是：一次用心做好一件事。

一次用心做好一件事，本質上是專注力的體現。

北大第一任校長蔡元培在教育學生的時候就曾強調過專注的重要性，他說：「唯有專心致志，把心力集中在學問上，才能事半功倍。」著名小說家馬克・吐溫也曾感歎：「人的思想是了不起的，只要專注於某一項事業，就一定會做出使自己感到吃驚的成績。」

可見，專注力是一項難能可貴的能力。

為什麼我們不能同時做好幾件事情呢？原因可以概括為以下兩點：

一、人的精力有限

人的精力是有限的，只有把精力集中在一個點上才能攻堅克難，取得理想的成績，想要面面俱到最後只會疲憊不堪。「水滴石穿」的故事核心不僅僅在於「堅持」，還要找準那個容易穿透的點，如果每天都滴在不同的位置，想要同時兼顧多個區域，最後只能悻悻而終了。

二、思緒具有連貫性

人的思緒是具有連貫性的，打斷了之後就很難接上。而同時做兩件甚至以上的事情，就是把思緒不斷切斷、分散，然後再銜接的過程，當思緒被打斷再銜接上是相當艱難的。並且，在思維交替的過程中會有很多精力損耗掉，再加上好幾件事情同時分散注意力，想要做到極致是幾乎不可能的。

美國實業家亨利·福特這樣詮釋成功的祕訣：「做好事情的捷徑就是一次只做一件事。」當然，他自己的人生經歷也恰恰論證了這一點。

亨利·福特享有「汽車大王」的美譽，是他將人類帶入了汽車時代。福特的成就與其嚴謹、專注的工作態度密不可分。在很小的時候，他就對內燃機的研究有著近乎狂熱的喜愛，每天花大量的時間鑽研，對內燃機的研究為汽車的發明奠定了厚實的基礎。

等到長大之後，他創辦了自己的公司，更是帶著自己的團隊奮力向前衝。時代在進步，但亨利·福特始終沒有忘記自己最初的目標，仍然把精力集中在汽車的研究上。在一九〇三到一九〇八年這五年時間裡就推出了十九款不同的機型，這在當時看來是極為震撼的。

亨利·福特的成功很大程度上來源於其「一次用心做好一件事」的工作原則。試想，在公司發展的過程中，如果既想著發明汽車，又想著插足火車，野心勃勃卻不用心專一，那麼福特汽車公司必然不會有如今的成就。

人生在世，很多人喜歡給自己做加法：不停地往自己的人生規劃裡納入新的東西，想要利用有限的時間做出驚人的成就。這樣的出發點並沒有錯，只是未免過於心急了。沉潛下來吧，叩問你的內心：什麼是你最想要的，什麼是當下迫切需要完成的，然後集中精力將其攻克。專注的力量是驚人的，把一件事情做到極致勝過把一萬件事情做到平庸。

訓練24

拒絕那些讓自己分心的事

這天，小芳正在做ＰＰＴ，突然接到朋友打來的電話。

「hello，一起去看電影嗎？妳喜歡的那本小說改編成電影今天上映了。」

「啊，真的嗎？」小芳心中十分激動，要知道那可是她從學生時代開始就非常喜歡的一部小說，現在拍成了電影，無論如何也要去捧場的。正當小芳興致勃勃地準備答應時，電腦螢幕上的ＰＰＴ提醒了她，於是她無奈地回覆朋友：「抱歉哎，我得趕ＰＰＴ，截止時間快到了，下次有機會再去看吧。」

「這樣啊，那真是太可惜了！」說完，朋友掛斷了電話。

小芳一邊放下手機，一面在心中感慨：不能去看首映，真是太遺憾了。接下來的時間，她雖然一直在做ＰＰＴ，但注意力卻不在上面，腦海裡思緒翻湧，想起少年時代的種種回憶：為了買那本很喜歡的小說跑遍了整座城市的所有書店，為了趕去那個作家的簽書會，平生第一次一個人坐飛機去往另一個城市……種種回憶凝聚成最後一擊，徹底擊潰了小芳的注意力：不能去看那本小說改編成的電影，真的是太遺憾了！

小芳這個例子有沒有讓你聯想到自己？如果沒有的話那你應該感到慶幸。生活中，很多人像小芳一樣，在工作的時候很容易分心，一點點小事就足以讓她聯想起過往種種，繼而在腦海裡上演一部意象豐富的大戲。直到截止時間的警鐘敲響，才恍然從紛亂的思緒中驚醒，面對眼前一團糟的工作任務手足無措。

那些容易讓我們分心的事情，恰恰是造成拖延的一大因素。思緒在諾大的宇宙裡遊蕩，卻唯獨不能集中在眼前的事情上。只有隔絕那些讓我們分心的事，才能做好該做的事。

讓我們分心的事，大概可以歸納為以下幾種：

周圍的環境

周圍環境包含的因素有很多，首先是自然環境。當我們處於吵鬧的環境下是很難集中注意力的，沒有人會在霓虹閃爍的酒吧裡寫小說，也沒有人會在轟鳴的鐵道旁彈琴作曲，更沒有人能在蚊蟲飛舞的地方安睡。其次是一些「社會性」的干擾因素，比如手機等電子產品，比如源源不斷的來自於網際網路的訊息。

他人正在做的事情

他人正在做的事情也有可能讓我們分心。試想，當你在認真思考、忙於工作的時候，同事卻在一旁談天說地、嬉笑怒罵，你還能靜下心來嗎？一定很想加入到他們當中去。

要想避免周圍人的影響，就要尋找一個有眾多「志同道合者」的地方。當你置身於圖書館時，周圍人都在埋頭學習，你便會被安靜、專注的氛圍所影響；當你置身於一個活力四射、思維敏捷的小組時，你們一起談論市場走向，一起進行頭腦風暴，自然沒有分心的機會。

亂七八糟的思緒

許多人之所以容易分心，並非受到外在因素的影響，而是跟自己的「心結」有關。對於敏感的人來說，一點微不足道的小事就能勾起鋪天蓋地的回憶，甚至淪陷在消極的情緒裡不能自拔。這時應該做的便是規律睡眠、健康飲食，不斷給自己積極的心理暗示，懷著樂觀的態度面對生活，讓亂七八糟的思緒煙消雲散。

歌德曾說：「一個人不能騎兩匹馬，騎上這匹就會丟掉那匹。聰明人會把分散精神的要求置之度外。」詩人口中的「另一匹馬」指的就是那些讓我們分心的事物。漫長的一生中，對我們造成干擾的事情太多了，只有把它們全盤推開，留出一方淨土，才能安置那些對我們真正有意義的、重要的事物。

享譽世界的小說家村上春樹從三十三歲那年開始跑步，每天淩晨四點起床，寫作四小時，跑十公里。在他寫作的過程中，絕不想其他的事情，而在跑步的過程中同樣摒棄了所有雜念，全然放空自我，不去想生活與瑣事，不去想工作與家庭。正是這樣拒絕雜念的生活方式，讓村上開闢了屬於自己的、獨特的寫作風格。

拒絕讓自己分心的事，實則是一個回歸本真的過程。人自從呱呱墜地，就開始不斷往肩上加重擔：金錢、名聲、房子、車子……

我們在前行的過程中背負了太多東西，導致追求一樣事物的心思不再純粹，聲色犬馬的環境很容易讓人迷失，忘記了本來的目標。

被稱為「藝術天才」的詩人紀伯倫在《先知》中這般描繪：「我們走得太遠，以至於忘記了當初為什麼出發。」唯有刪繁就簡、摒棄雜念，才能把當下的事情做到極致。

一個人在紛亂的環境中很難靜下心來做自己的事，只有拋棄了心中的雜念，與那些讓我們分心的事物一刀兩斷，才能成就一番事業。現在，面對那些對你造成干擾的人或事，你知道該怎麼做了嗎？

訓練25

無謂的細節無須浪費時間

常聽到這樣的教誨：

「細節決定成敗。」

「小事成就大事，細節成就完美。」

「一個成功的人，一定是注重細節的人。」

……

種種教誨將細節的重要性展現得淋漓盡致。誠然，注重細節是一個人為人處世和工作中必不可少的品質。但是，對於那些無謂的細節卻不必耗費過多的時間，把時間和精力花費在最重要的地方，才能實現效益的最大化。細節固然重要，但千萬別因為過度重視細節而忽略了事情的主幹，導致得不償失。

Anne就是一個過度重視細節的人。她每天寧願花大量的時間在檢查錯別字上，也不願把時間花在思考創意上，導致方案一次次被上級駁回。Anne感到很疑惑，於是跟男友抱怨：「我明明很認真很努力，可為什麼老闆總是看不到呢？」

男友語重心長地對她說：「Anne，妳仔細回憶一下妳的生活習慣。」Anne在生活上就是一個過度重視細節的人，每天早上比男友早起一個小時，就為了從衣櫃裡挑選一套最完美的衣服，然後根據衣服顏色搭配精緻的妝容。Anne重視細節的程度令人感到可怕，有時候因為眉毛不小心畫歪了，不惜卸掉全部的妝容，重新畫一遍，常常看得男友目瞪口呆。

這種不良的習慣被她帶到了工作中。對於Anne來說，她真正應該做的是思考創意，擬出產品銷售的最佳方案，而她總是把時間花費在不必要的「細節」上，比如：把短短幾百字的Word文檔檢查一遍又一遍，把已經很乾淨的辦公桌擦拭得一塵不染。

對細節的過分嚴苛非但沒有對Anne的工作起到一點幫助，還耽誤了不少時間。本著一顆注重細節的心，卻用力過猛，導致得不償失。

細節很重要，但「無謂的細節」卻是我們要避免的。

那麼，什麼樣的細節是無謂的細節呢？

日常生活中的細節

日常生活中的細節，比如上述例子中的Anne，總是把大量的時間花在搭配衣服上、化妝上。愛美之心人皆有之，但也要適可而止。如同一方美玉，過度雕琢反而顯得失真。

工作中的「次要任務」

主要任務是負責創意的人，不必把大量時間花在檢查文檔的錯別字上；本職工作是財務管理的人，不必把過多精力放在修飾Excel表格上。細節雖然重要，但這些細節對於任務本身沒有任何幫助，因此是可以忽略的。

過於重視細節，可能只見樹木不見森林，只見雨滴不見汪洋。多了謹小慎微的習慣，卻沒了宏觀全局的本領，還會導致自我認知產生偏差，自以為兢兢業業、勤勤懇懇，殊不知只是白費力氣。一個睿智的人，是懂得掌控全局的人，懂得細節的重要性，更懂得抓住主幹。

無論是工作還是生活，都如同一棵大樹，只有給予根部足夠的營養，才能夠健康茁壯地成長，如果一味地把注意力放在四處伸展的枝節上，枝繁葉茂也只是表象，撐不了太久。

關注全局能夠讓我們的視野更加開闊、心胸更加寬廣、看問題的角度也更加全面。古往今來有大成就的人都是懂得平衡「主體」與「細節」的人。無謂的細節大膽放棄，未嘗不是一種生活智慧。

愛因斯坦一生痴迷於科學研究，他的注意力在探尋宇宙的奧祕上，對著裝很少在意。

一天，愛因斯坦走在紐約的大街上，偶遇了一位朋友。看著愛因斯坦隨意的穿著，朋友對他說：「你該買新衣服了，你看你身上的衣服多舊啊。」愛因斯坦毫不在意，打趣道：「沒關係的，反正這裡沒有人認識我。」

若干年後，愛因斯坦成為了家喻戶曉的科學家。有一天，他走在街上，又一次遇見了那位朋友，朋友再一次提醒他該買新衣服了。愛因斯坦搖搖頭，說道：「我不需要買新衣服了，反正這裡的人們都認識我。」從這個故事中，我們看到了愛因斯坦的幽默詼諧，也看到了他灑脫、豪放的生活態度，對於無謂的細節，愛因斯坦選擇了忽視，而把精力全部傾注到自己熱愛的科學事業上。

當然，這裡並非鼓勵大家蓬頭垢面、不重視外在形象，而是說在重要的事情面前，一些無謂的細節是可以忽視的。當然，前提是無傷大雅的、不會造成消極影響的細節。對於那些直接決定整個專案成敗的關鍵細節，則一定要精確地抓住。不妨現在就反思一下，日常生活中你把多少時間浪費在了無謂的細節上，找出這些細節，然後將它們拋到腦後吧！

訓練26

掌握時間管理的二八法則

茱莉是一家服裝品牌的設計師，每天忙得暈頭轉向，在外人看來就是工作狂魔。每逢節假日，別人都去休息旅行，她卻仍然一心撲在工作上，朋友聚會、和男友看電影、外出踏青……一系列活動統統拒絕。

好友不解地問她：「妳怎麼天天都在忙啊，工作真的有那麼多事情嗎？何不給自己放放假呢？」茱莉擺了擺手，回答道：「我想趁著年輕的時候多奮鬥奮鬥，安逸的生活應當是在退休之後過。」朋友們都勸她不得。仔細審視茱莉的生活狀態，她真的有那麼多要忙碌的事情嗎？並非如此。

茱莉是一個嚴謹的人，但過分的嚴謹也讓她深受其苦。在工作中，她務必做到凡事親力親為；在生活上，她更是一手包攬了所有家務。所有的事情都被茱莉擺在同樣的天平上，作為一名設計師，她在設計和原料篩選上所花的時間幾乎一樣多，這直接導致她把大量的時間浪費在不必要的事情上。

朋友好心提醒她：「妳這樣的做法最後吃虧的是自己，真正聰明的人會合理規劃自己的事情，按照事情的重要程度合理分配，不會像妳這樣一股腦地全撲到事情當中。」

朋友的提醒不無道理，茉莉明明可以把原料篩選、資料登記等任務交給助理去做，自己只管自己職業分內的事情即可，這樣效率會提高很多。

關於時間分配，有一項高效的原則叫作「二八法則」。指的是：用百分之八十的時間去完成那最關鍵的百分之二十的事情。仔細觀察我們的工作或生活會發現：比起那些很重要、很關鍵的事情，往往是瑣碎的、不那麼重要的事情占據了較大比例。時間對每個人都是公平的，所有人一天都只有二十四小時，關鍵在於如何利用。有的人能夠高效地利用時間，用二十四小時完成了普通人要四十八小時才能完成的任務，有的人則截然相反。

時間管理的「二八法則」最初來源於由經濟學家巴萊多提出的「二八定律」。二八定律認為：在任何一組事物中，最核心、最關鍵的部分只占百分之二十，剩下的是大多數卻也是不重要的。放眼我們的日常生活，處處體現著「二八定律」：

- 百分之八十的收入來自百分之二十的工作時間。
- 百分之八十的銷售量來自百分之二十的客戶。
- 百分之八十的成績是在百分之二十的時間裡獲得的。
- 百分之八十的食堂始終重複著百分之二十的食譜。
- 百分之八十的金錢花在了百分之二十的常見消費上。

……

時間管理的二八法則給我們的啟發是：把大部分的時間和精力花在那極為關鍵的事情上，而對於瑣碎的事情則有選擇性地忽視。當然，並非要求我們直接放棄另外那百分之八十的部分，而是合理地取捨，做出最明智的抉擇和規劃。

小晚就是一個把「時間管理的二八法則」實踐得非常好的例子。

小晚和幾個大學時代的同學建立起了自媒體帳號，團隊分工非常明確。朋友負責採訪、整理素材，小晚的主要任務就是撰稿。因此，小晚的大多數時間都是端坐在電腦桌面前，把那些零碎的材料分析、組合、拼接、融入主題思想，成為一篇打動人心的稿件。

小晚的睿智之處就在於：她始終能把主要的時間用來做重要的事情。對於她來說，「寫好一篇稿件」就是那占比百分之二十的關鍵任務。當然，除此之外小晚還有很多其他的事情，比如協助團隊成員整理素材、偶爾也會親自出去做採訪……但這些都是次要的、可替代的，所以無須耗費太多心力。

在實踐時間管理的「二八法則」之前，還有一個必不可少的環節，那就是：給自己的任務按照輕重緩急排序，找出最重要的那一件或者兩件事情，然後專心致志地完成。那麼，如何確定那重要性為百分之二十的事情呢？需要考慮以下幾點因素：

尋找效益最大化的事項

在安排待完成的任務之前先確認一下能給你帶來最大回報的事情是哪件。這裡的「回報」並不侷限於經濟回報，還包括讓我們心理上感到舒適、具有一定的增值潛力的事情。有些事情當下看不出結果，是需要日積月累的。

截止日期即將到來的事項

對於那些截止日期即將到來的事項理應放在首位。有的人喜歡拖拉，憑著自己的喜好優先選擇自己想做的事情，而把緊急的事情留在後面，這樣是不對的，焦慮只會不斷升級，最後將個體全盤擊潰。所以，那些截止日期即將到來的事情，是很有必要多花時間和精力處理的。

英國科學家培根曾說：「時間是最大的革新家。」其實，時間並不具有主動性，真正能夠掌控時間、掌握人生的只有你自己。人生本就不是一個平坦的過程，其間有磕磕絆絆、此起彼伏，在不同的路段我們應當花費不同的時間，如果總是等量齊觀，難免會應接不暇。所以，重新規劃你的日程吧，別在那些不重要的事情上浪費光陰了！

訓練27

學會使用高效的番茄工作法

Mary在大學時期養成了一個不好的習慣，平時把任務一再推遲，總是自我安慰：「沒關係的，還有時間的啦！」到了時間快要截止的時候才開始拚了命地趕。大學時期的Mary發明了一套自己的學習方法：平時上課滑手機、作業隨便弄，然後到了期末考試臨近的時候通宵複習，窄窄的抽屜裡堆滿了各式各樣的袋裝咖啡。

靠著不錯的頭腦，Mary的成績還算過得去。她甚至開始沾沾自喜，對室友說：「看吧，我平時不用學也能拿及格分。」表面上Mary輕輕鬆鬆，其實背後卻付出了很大的代價。因為平時沒有認真聽教授講課，導致很多基礎知識都弄不明白，只能自己上網查資料，常常累得筋疲力盡，甚至有時候通宵複習，沒有一點休息的時間，身體幾乎撐不下去了。

最可怕的是，Mary把這種不良習慣帶到了工作中。每天上班時間優哉遊哉地逛網頁、做其他的事情，到了臨近下班時間便開始瘋狂趕任務。當同事們梳理一天的日程，準備回家的時候，Mary還在孤身奮戰，有時候要加班到很晚。

Mary很不解，「我都把休息的時間用來工作了，為什麼還是效率不高呢？」

生活中有很多像Mary一樣的人，他們在片刻的沮喪和懶惰之後會全身心地投入到工作中，但工作對他們並不客氣，在緊張急迫的情況下完成任務的品質並不高，而且身體上幾乎是殫精竭慮、非常疲憊。

這種「把大規模任務集中到一起解決」的工作方式並不值得提倡。人的身體並非機器，在一段時間的緊張運轉之後是需要短暫休息的。而那種「放任自我式」的長時間休息也不科學，「勞逸結合」其實是一件很值得考究的事情。

「番茄工作法」就是一種很好的方法，幫助人們在工作與休息之間找到那個平衡點，最大效率地完成任務，且不會過於疲憊。

「番茄工作法」是由法蘭西斯科·西里洛創立的一種時間管理的方法，這個方法早在一九九二年就問世了，至今為人們傳承。其特點是簡單易行，非常容易理解和實踐。具體來說，「番茄工作法」的內涵是：選擇一個待完成的任務，將番茄時鐘設置為二十五分鐘，專注工作，中途不允許做除了工作以外的其他任何事情，直到時鐘響起，然後在紙上畫一個＊表示休息五分鐘，如此輪迴四次可以多休息一會兒。如果中途不得已被打斷，則需要重新開始計時。

你或許會好奇：為什麼「番茄工作法」有如此神奇的魔力呢？其實，這與我們人體的運行機制有關。當我們開始做一件事情的時候，注意力呈曲線狀，等到過了最集中的那個點，注意力就很容易被外在因素分解，此時就需要片刻的中斷，然後開啟新的一段努力，第二十五分鐘就是那個最合適的時間點。

「番茄工作法」有以下好處：

提升注意力，勞逸結合

看上去無邊無際的任務總讓人感到壓力巨大，而在「番茄工作法」之下，你只需要集中精力做滿二十五分鐘，是不是變得容易多了？

減輕焦慮感，加強決心

越是繁冗複雜的任務越是讓人心生焦慮，而「番茄工作法」可以有效改善這一點。你的心中會始終有個信念：只要我按部就班地做下去就一定可以完成任務，原本規模浩大的目標被支解成了一小段一小段，只要完成了眼下的二十五分鐘就會感到成就滿滿，焦慮感於無形中消失了。

改善任務流程，減少干擾因素

在平常的學習或工作中，難免會被身邊各種各樣的事物打擾到，而「番茄工作法」其中有一項機制就是：當任務不得已被打斷時，終止計時，重新開始一段番茄時間。試想：二十五分鐘本就是一個不算長的時間，一般人是願意排除周圍一切專心致力於工作的。

盲目地付出精力有時候會適得其反，瞭解人體規律、科學地制定工作方法才是我們應該做的。「利用時間是一個極其高級的規律。」恩格斯如是說。

需要注意的是，「番茄工作法」中提到的時間長度設置並非固定不變，二十五分鐘只是一個建議時間，每個人可以根據自己的工作習慣和體能狀況調整。

計量時間的工具也不一定要用專門的「番茄鐘」，可以用普通的時鐘、手錶或是沙漏，但不建議用手機。現代人接觸手機太過頻繁，造成了依賴性，而「番茄工作法」的作用之一就是，幫助我們避免手機等干擾因素。

Friday ▌ 星期五

把逃避
徹底刪掉

拖延是因為對事情沒把握、得失心太重，
這時候跟自己說先「做做看」吧，
不求完美、敢於平凡，會讓你有勇氣試錯。

訓練28

認識到問題與痛苦的價值

傅柯是二十世紀法國哲學家，他的文學作品影響了一代人。有個年輕人去問傅柯：理想太過奢侈，該怎麼辦？他跟傅柯講述自己的焦慮、他的前途和他的性取向，這一切都令他痛苦，年輕人希望從傅柯那裡得到一個絕對科學的答案。

傅柯不能給出什麼建議和答案，他只是對年輕人說：「不要怕，不要怕死去，更不要怕活著。」問題和痛苦雖然難捱，但也並非毫無價值。以一種審視的目光看它們，日子終究會變得明媚起來。

問題，是讓我們煩惱的東西，也是需要面對和解決的。與「問題」交鋒的過程中，勢必會產生痛苦。因而，害怕、逃避常常會導致拖延。人類的本能是趨樂避苦，但那些「苦」中所蘊藏的價值常常被人們所忽略。問題與痛苦本身並不值得歌頌，但能從當中挖掘出經驗和價值的人，才是真正的強者，是生活的主導者而不是服從者。

設計師設計方案是一個痛苦的過程，在這個過程當中需要進行大量的頭腦風暴，不斷深挖大腦深處的創意，渴望每一次靈感乍現的時刻；作家創作文學作品亦是一個痛苦的過程，思維的火花在文字間閃爍、碰撞，表達欲得到釋放，本是一件令人歡喜的事情，但同時也面臨著靈感枯竭、情節驟停的苦惱；學者研究學問也不容易，鋪天蓋地的資料、挑燈夜讀史集，身體承受著相當大的負荷。

這些都是痛苦而珍貴的過程。白岩松在他的《痛並快樂著》一書中講述了自己從事新聞工作的經歷，十年來痛苦與快樂並存，每一次跌宕起伏都是成長路上最好的養分。那些讓你望而卻步的問題就像是一座座山峰，山腳下的你或許會覺得高不可攀，但當你抬起腳來一步步翻越時，你會發現其實並沒有那麼難。而山的另一邊，是無限美麗的風光。

尼采說過：「人生的幸運，就是保持輕度的貧困。」這裡的「貧困」並非特指物質上的貧苦，更多的是人生中的窘境、追逐理想過程中面臨的種種難題。正是這些難題幫助我們蛻變，在尋找出口的同時真真切切地得到了歷練。

因為畏懼困難而拖延，那是弱者的行為。真正的勇者敢於迎難而上、劈波斬浪，奔赴向自己理想的殿堂。問題和痛苦的價值概括起來有兩點：

攻克難題過程中收穫的經驗

為什麼會陷入困境？要怎樣解決問題走出困境？當你不斷思考這些問題的時候就已經有了收穫，或是經驗教訓、或是對未來事業的規劃……這些都成為了最寶貴的東西。

苦盡甘來的收穫

沒有輕易得來的成功，當你徹底解決那些問題之後，便會離終極目標更進一步。如同美學大師朱光潛所說：「正路不一定就是一條平平坦坦的直路，難免有曲折和崎嶇坎坷，要繞一些彎，甚至難免會誤入歧途。」

經歷過高溫的炙烤才能煉成最堅硬的鋼鐵，經歷過百般雕琢的石頭才能成為美玉。成功從來不是一件垂手可得的事情，而是一個直面問題、解決問題，進而螺旋式上升的過程。

現在，列出一份清單吧，你的目標是什麼？在追尋目標的過程中可能面臨哪些困難？你將迎難而上還是望而卻步？我想，你心中已經有了答案。

訓練29
越是恐懼的事越要去面對

「你怎麼還沒去找工作？這都拖了多久了。」

「不敢投履歷，擔心被拒絕……」

「可是你不去嘗試就沒有成功的可能性啊！」

「你說得對，但是……我還是很害怕。」

生活中，常常有人因恐懼而失去機會，甚至壓根不敢挑戰。原本的目標就被擱在原地一拖再拖，恐懼不斷滋生和增長，人卻在原地踏步。其實，越是恐懼的事情越要去面對，當你學會直面內心的恐懼，打開恐懼的大門就會發現，裡面一無所物。

陳辰今年剛入職新公司，從小內向的她很渴望跟身邊的主管、同事打好關係，現在剛好到了新環境，她想利用這個機會由內而外地改造一下自己。可是她很快發現，自己適應環境的能力遠沒有想像的那樣強大。

看著同時入職的好友和大家打成一片，陳辰在一旁不知所措。對於陳辰來說，主動與人交流、心無芥蒂地和大家在一起嬉笑打鬧是一件很難的事情。人際關係，早就成了她不願觸碰的痛點，無數次想要從封閉的內心世界走出來，無數次因為恐懼而告終。

幾個月後，主管邀請大家一起聚餐。陳辰又一次感到了恐慌，跟朋友訴說起自己的擔憂：「怎麼辦啊，我不敢去聚餐，擔心氣氛會變得尷尬。你知道的，我這個人向來不擅長與人打交道。」「但是如果妳總是不去嘗試、不勇敢邁出第一步的話，妳永遠沒辦法成為自己喜歡的樣子的。」朋友對她說。

陳辰心想：自己從一個小山村裡考到了大城市，大學畢業後又毅然留在了一線城市，經歷過食不果腹的苦日子，也在愛情面前栽了很大的跟頭。為了改變自己的命運，那麼多苦都克服了，現在這點恐懼，又有什麼可怕的呢？

於是，她打消了推卻聚會的念頭。當天，她大大方方地挑了一件最喜歡的衣服穿上。和一群人坐在同一張桌上吃飯，其實也沒有想像的那麼可怕。飯桌上的陳辰，在與人交談時仍然感覺有些拘謹，但相比於之前那個畏畏縮縮的她，已經進步很多了。

內心的恐懼來源於對事物的不確定性。同一段路，你在白天敢走，晚上卻不敢走，是因為黑夜讓你感到「不確定」，不確定漆黑的夜幕中隱藏著什麼危險。不敢投履歷，是因為不確定是否能通過，不確定自己是否能得到一份心儀的職業。這種「不確定性」讓很多人都不敢邁出第一步。其實，當我們勇敢地打破這種恐懼，摸索著向前走時，「不確定性」就會越來越淺，取而代之的是更加堅定的內心和更加清晰的未來。

那麼，如何打破內心的恐懼，成為一個行動力滿滿的人呢？

寫出你的恐懼

準備好一張紙，在上面寫下你現在最想完成的事情和最害怕發生的情況。是的，需要用紙質的便箋，電子產品大行其道的時代，手機上的內容一不小心就被刪去了，紙質的恰恰能保留得更長久一些。

列出最壞的結果

思考放手去做這件事情，最壞的結果是什麼。投履歷不過就換一家，找不到好工作也不至於流落街頭。恐懼社交就去大膽與人交流，尷尬的氛圍總能找到話題緩解，即便找不到也沒什麼可怕的，又不至於孤獨終老。真正讓我們感到恐懼的是不理想的結果，而如果最差的結果你都能接受，那還有什麼可擔心的呢？

制訂緊密的工作計畫，用行動稀釋恐懼

生活中，許多人一邊虛度著時光，一邊被恐懼折磨著。隨著截止日期的來臨，這種恐懼感越加強烈，甚至忘記了本來的目標，失掉了行動力。恐懼總是趁著閒暇的空隙鑽進我們的內心，而當你把日程表排得滿滿的，按部就班地完成任務，就能用行動稀釋恐懼，化恐懼為前進的力量。

翁山蘇姬在談及恐懼的時候說道：「唯一真正的監牢是恐懼，而唯一真正的自由就是擺脫恐懼。」許多人誤以為給予自己足夠的心理暗示就能走出恐懼，比如，不斷地安慰自己：「我不恐懼，我一點兒都不害怕。」其實，這樣反而會加重恐懼感。

擺脫恐懼的最好方式，不是試圖說服自己恐懼不存在，而是承認恐懼，接納自己會懼怕某些事物的事實。只有接納恐懼，才能想辦法戰勝它。

如果你自我欺騙，嘴上說著不怕，心裡面卻十分擔心，這樣當你恐懼的事情真正發生的時候會在瞬間方寸大亂，相當於「經歷了兩次恐懼的事情」。只有坦然面對恐懼，與恐懼來一場真正意義上的較量，才能在這個過程中變得更加強大。

訓練30

承認問題是解決問題的開始

S從大學畢業之後就沒找到一份長久的工作，很多職位在招募職工的時候要求最低是研究生學歷，如果能力強的話學歷條件可以放寬。經過很多場面試被刷下來之後S感到萬分沮喪，他向身邊的朋友抱怨：「他們根本就不懂得愛惜人才啊，我在大學時代那麼優秀，還是學生會的副會長呢，憑什麼不招我啊！」

朋友搖搖頭，認真地跟他說：「你有沒有想過，或許不是公司的問題，而是你自己的問題。你在大學時代的履歷雖然光鮮，可是公司需要的不是那些啊，需要的是你的核心技能和創新思維，學歷是一方面，能力也是一方面，既然你無法在學歷上拔得頭籌，何不讓公司看到你的能力呢？」

S一直處於逃避問題的狀態，不敢正視自身的不足，也不願承認自己在某些方面是確實比不過競爭對手的。他把自己關在一個「我很完美」的圈子裡，不願意走出來。因此，問題就永遠得不到解決，他也找不到一份心儀的工作。

有句話叫「你永遠也叫不醒一個裝睡的人」，說的就是像S這樣的人。他們永遠在找各種各樣的理由逃避問題，把問題歸因於外在因素，卻從不反省自身。如果一個人連承認問題的勇氣都沒有，更別提想辦法解決問題了，相當於還未衝鋒陷陣就已經做了逃兵。

很多人不願意承認問題，是因為內心的逃避機制在作祟。在他們的潛意識裡，承認問題是可恥的、令人尷尬的，卻不懂得承認問題才是解決問題的開始：承認自身在某些方面天賦不足就會知道要多加努力，承認事情非常棘手就會努力尋找解決辦法。當一個人對自我坦誠的時候，他才能對症下藥，做出實際行動來。

人們通常會不承認兩類事情：

一、不承認自我天賦的缺乏

人生而不同，每個人都有自己擅長的領域跟欠缺的地方，就像有些人天生就對文史藝術類工作充滿熱情，有些人天生就對電腦軟體非常敏感。或許在有些人看來，前者枯燥乏味，後者單調苦澀，但樂在其中的人卻會覺得萬分開心。

人們對於自己擅長的領域總是能給予最大的耐心和時間投入，而對於自己的短處卻常常避之不及。承認自己在某些方面天賦的缺乏是一種勇氣，而在此之後努力尋找自己擅長的領域則是加強自我認知的過程，在這個過程中我們會成就日漸完善的自我。

二、不承認現實存在的、難以解決的問題

不承認現實存在的、難以解決的問題是一種掩耳盜鈴的行為。盜鈴人深知堵上自己的耳朵外人還是能聽見鈴鐺的聲音，他這麼做只是為了讓自己心安一點，自我逃避、自我說服。問題就在眼前，逃避只是取得了一時的內心安寧。

Z的信用卡裡餘額已經不多了，他卻仍然大手大腳地花錢，往購物車裡加了一件又一件東西。明明知道自己處於經濟拮据的狀態卻不願意面對，而是在心裡安慰自己：狀況還沒有那麼糟糕，船到橋頭自然直。最後，只能向朋友求助了。

美劇《新聞急先鋒》裡曾說過：「承認問題是解決問題的第一步。」承認問題你才會尋找解決的辦法，才能最快速地做出行動。

那麼，如何才能做到勇敢地承認問題呢？

不要對自己過於嚴苛

承認問題並沒有什麼可怕的，我們每個人都是帶著無限的可能和未知來到這個世界的，沒有人能做到盡善盡美。過分的完美主義會降低行事的效率，人無完人，我們只需要在自己能力範圍內最大化利用自己的天賦就可以了。

讓家人朋友成為你的「參謀」

正所謂「旁觀者清，當局者迷」。我們常常在評判他人的時候一語中的，卻在審視自己的時候產生偏差。有些問題是真實存在的，有些問題則是自己臆想出來的，這種情況不妨請身邊可靠的朋友或者家人做個參謀，讓他們從理性的角度審視問題。

明白一切問題都有解決的辦法

不敢承認問題的直接原因是因為害怕沒有解決的辦法，或者解決問題的過程需要付出太多努力。世間萬物都具有兩面性，光明與黑暗，正義與邪惡，困境與掙脫。一切問題都有解決的辦法，只不過有些需要付出的努力或者犧牲的東西多一點，另外一些則少一點。當你意識到這一點的時候就會知道，逃避問題只是暫時的拖延，卻不能從根本上獲得解放。

現在，想想那些讓你害怕和逃避的問題吧，它們真的有那麼恐怖嗎？它們真的是沒有辦法解決的嗎？那些或大或小的問題就把你逼入絕境了嗎？如果沒有的話，請你坦然承認吧！正視自身或外界的問題，將是你解決問題的開始。

訓練31

不要總是指望別人替你解決問題

Jack是單位裡出了名的「懶癌患者」，恨不得所有事情都請同事幫忙，自己坐享其成。亂糟糟的文檔和表格直接發給同事，附上一句：「幫個忙啦非常感謝！」大家一起加班的時候，Jack永遠都不會是下樓拿外送的那一個。對他來說，事情能推給其他人就絕不自己做。

大家礙於情面，嘴上不會說什麼，但時間久了都對Jack感到不滿。誰願意整天服務於一個好吃懶做的人呢？然而Jack似乎並沒有意識到這一點，仍然每天對身邊人「呼來喚去」，大家的不開心都寫在臉上了，Jack卻視若無睹。

直到有一天，老闆讓Jack加急趕一份PPT，第二天開會的時候需要展示。收到消息的Jack正窩在家裡打遊戲，而此時的時針已經指向晚上八點了，按照Jack的工作效率，一時半刻是肯定做不完PPT的。於是他習慣性地發訊息給關係好的幾個同事：「在嗎？可以幫我做一份ＰＰＴ嗎，我今天真的太忙了。」時間一分一秒地流逝，卻始終沒有人回應他。

無奈之下的Jack只能自己打開電腦做，這時候他才發現很多功能和外掛程式他壓根就不會使用，平時遇到一點小問題就向同事求助，連估狗都懶得打開一下，陷入這樣的困境也是意料之中的。

誠然，在當今社會人脈的重要性非常明顯，擁有良好的交際能力和不錯的人脈關係可以幫助我們解決生活和工作中的很多問題，但這並不意味著你應該總是寄希望於他人身上，指望別人替你解決問題。

一方面，沒有人能永遠陪伴在你身邊。很多時候，「遠水救不了近火」，當你急需完成一件事情的時候，擅長這方面的朋友可能遠在海角天涯，心有餘而力不足。

另一方面，人際關係的本質是潛在的價值交換。沒有人會永遠無償為你奉獻時間和精力，一時的伸出援手可能是出於好心或者礙於情面，作為接受幫助的一方應當心懷感激而不是一味地消耗這段關係。再者，不是所有的問題別人都能幫忙解決，有些事情必須要親力親為，你不可能讓其他人幫你承受疾病的痛苦，也不可能讓別人代替你去參加一場面試。

因此，鞏固自己的實力才是最重要的，只有自己的能力才是穩穩地握在手中的東西。我們應當建立堅固的堡壘，有意識地訓練靠自己解決問題的能力。

正如布萊希特說：「不論踩什麼樣的高蹺，沒有自己的能力是不行的。」比起四面逢源的社交能力，更重要的是「兵來將擋水來土掩的自身實力。」求人不如求己說的正是這個道理。求人，既消耗人際關係又不敢確保完成任務；求己，才能清楚地掌握事情發展的動向，成功的榮耀是屬於自己的，失敗了也不會對他人有所抱怨。

雨果說：「我寧願靠自己的力量打開我的前途，而不是靠他人力量的垂青。」一個文人的尊嚴在此刻得到體現。於我們每個人來說都是如此，靠別人總是沒有靠自己來得踏實安心。

當然，不總是指望別人幫你解決問題，並不意味著我們要拒絕一切外來的幫助。只是說，當我們自身有足夠的實力時，不要過度依託於外界的力量，造成自我的惰性，也為日後的無助埋下了伏筆。因此，什麼時候靠自己，什麼時候向他人尋求幫助就成了我們要考慮的問題。

以下幾條原則可以作為你的參考：

- 能自己獨立完成的任務不必尋求他人的幫忙。

●自己努力一下就可以做到的事情不必煩勞他人。
●同事、朋友之間儘量互幫互助，不要單方面接受而不給予。
●在團隊工作中公平分配任務。
●需要他人協助的事情可以向他人尋求幫助和支持。

能夠在需要幫助的時候隨時找到可以依靠的對象，固然是一件值得慶幸的事情，但別讓這份美好變成一方的負累。一如詩人歌德給我們的啟發：「我們雖可以靠父母和親戚的庇護而成長，倚賴兄弟和好友，借交遊的輔助，因愛人而得到幸福，但無論怎樣，歸根到底人類還是得依賴自己。」

訓練32

認清你給自己找的拖延藉口

「hello你最近粉絲團怎麼都沒更新啊？」

「最近啊，最近真的太忙了沒有時間更新。」

「平時都在忙什麼啊？」

「忙著工作啊，還有洗衣做飯，累了就看看劇放鬆放鬆，時間就一天天過去了。」

在面對好友的問候時，C總是能找到各種各樣的原因，其實她真的每天都那麼忙嗎？並非如此。工作、家庭並不能占據她所有的時間，她這麼說只是給自己的拖延找藉口罷了。

C的狀態代表了一大群「拖延症患者」。他們總是習慣性打發時光，等到面臨deadline了，就開始給自己找各種藉口，這些理由往往看起來十分合理，好像自己真的是個大忙人似的，其實只是在試圖掩蓋自己的不安罷了。

認清自己的拖延藉口，不要逃避和掩飾，是告別拖延的第一步。通常，人們會為自己的拖延找以下藉口：

問題難以解決，因此擱置

趨易避難是人類的本性。成大事者和普通人的區別就在於，前者遇到困難時第一反應是想辦法解決，而後者是想著儘可能地逃避。人們常常會在困難面前退縮，殊不知逃避並不能解決問題，被擱置的問題只會一步步累積，隨著時間的推移變得越來越複雜。

總認為還來得及

「明天還有時間呢，今天我先放鬆放鬆吧。」真正等到第二天就開始手忙腳亂，這種「總認為還來得及」的想法是導致很多人喜歡拖延的原因之一。

高估自己的能力，認為自己可以在短暫的時間裡完成大量累積的任務，這是很不切實際的。與其寄希望於明天，不如現在就開始行動。

如同《給大腦洗個澡》中所說：「明天只是一個一毛不拔的吝嗇鬼，它用虛假的承諾、期待和希望大量地剝削你的財富。它給你的永遠是無法兌現的空頭支票。」

內心的恐懼

試想，眼下有一件非常棘手而又意義重大的事情，你不得不去完成，可執行的過程中充滿了風險，甚至有很大付出努力卻最終失敗的風險，你還會心無芥蒂地去做嗎？

很多人的答案是否定的。這種時候就需要有適當的敢於冒險的勇氣，如果總是逃避，恐懼便會一直占據你的心，敢於面對和做出行動才是王道。

打破「我很忙碌」的虛假表象

你真的很忙嗎？還是說你只是用「忙」來做藉口？那些被你定義為「忙」的日常瑣事，真的能占據你所有時間嗎？沒有如期完成工作的日子裡，你做的每件事都是非做不可的嗎？還是說你只是在消磨時光？

很多人在面臨一堆任務的時候，會下意識地做一些無關緊要的事情，比如喝一杯奶茶、翻一翻群聊的訊息，不停地自我麻痺、自我逃避。打破這種虛假的忙碌表象，去做那些真正有意義的、緊迫的事情；而不是一邊自我安慰，一邊心驚膽戰。

時間是最公平的東西，我們每個人每天都只有二十四個小時，你的生活狀態如何取決於你對時間的利用率，把寶貴的時間花在不必要的事情上無疑是浪費生命。

魯迅先生談及自己的成功之道，言道：「我把別人喝咖啡的時間用在工作上。」因此先生一生著作頗豐，為後世留下了寶貴的思想財富。認清你給自己找的拖延藉口，才能從本源解決問題。現在，請你認真思考以下幾個問題：

- 眼下最緊急的事情是什麼？
- 你最想做的事情是什麼？
- 是非做不可的嗎？
- 思考「你想做的」和「你應該做的」這兩件事會帶來什麼好處跟壞處？
- 哪些是效益最大化、損失最小化的事情？

經濟學中有「機會成本」的概念，大致意思是：當我們選擇專注做一件事情的時候，勢必要放棄可能從另外的事情當中得到的收益或機會。這裡越加體現了珍惜時間的重要性，比如，當你選擇將資金和時間成本投入到眼前的項目中，就意味著你必須拋棄其他可能的機會。時間分配上也是如此，如果你選擇拖延重要的事情，就意味著「機會成本」的喪失，那些被你浪費掉的時間成本可以用來做更多、效益更大化的事情。

所以，表面上你只是拖延了一小會兒，其實丟失了很多機會。赫胥黎說過：「最珍貴的是今天，最容易失去的也是今天。」既然昨日已是過往，明天尚不確定，我們能把握的只有當下。

認清你的拖延藉口，回顧你經常掛在嘴邊的那些關於拖延的字眼，努力把它們從你的人生詞典中清除。每一個珍惜時間的人，終有一日會收到時間的饋贈，這個過程也許是緩慢的，但必定是值得期待的。

訓練33

對工作保持積極主動的態度

Ｌ小姐是一個很容易陷入負面情緒的人，別人的一句話或者生活中的一件小事都能讓她寢食難安，用「玻璃心」來形容她簡直再適合不過了。她對待工作也總是被動消極的態度，業績很不理想。當代年輕人中流行的那句「間歇性躊躇滿志，持續性混吃等死」彷彿就是為她量身定制的。

她的朋友圈裡幾乎容納了她日常的所有情緒，對工作的不滿、吐槽，對生活的抱怨，那些或長或短的文字就像小蟲子一樣，啃蝕著看到那則貼文的人，總是瀰漫著一股低氣壓的氣息，讓人想要立馬跳過。

Ｌ小姐坦言：「我也想做一個積極陽光的人，可是日子也太難過了吧。」

有許多人像Ｌ小姐一樣，一方面希望自己成為一個積極和優秀的人，一方面又被生活的重擔壓得喘不過氣來，疲憊又悲傷地消磨時光。他們從不主動尋找機遇和跳板，而是等待工作把自己逼到絕境，然後把為數不多的精力榨乾。每天不情願地走進公司，不情願地完成自己的義務，甚至辭職的念頭一直在頭腦裡徘徊，恨不得馬上拋掉工作跑回家才好。

如果總是以這種消極低迷的態度對待工作，又怎麼能保質保量地完成工作呢？哲學家阿諾德所言極是：「最慘的破產就是喪失自己的熱情。」一個人只有保持積極主動的態度，才能把自己的實力發揮到極致，把工作做到最好。在積極主動的心理狀態支配下的人，不會混吃等死，而是會迎難而上挑戰自我。

積極主動的態度，不是時刻保持高昂的精神狀態，像打了雞血一般；也不是遇到什麼事情都衝在最前面，恨不得昭告全世界：「我很積極進取！」真正的積極是一種平和的心態，是刻在骨子裡、融進血液裡的看事物的態度，有著不動聲色的力量。

真正的主動，不是努力搶占風頭，不是碰到任何事都要上去試一試，而是對於自己的分內之事第一時間做好，在此之外追求其他能夠達到的高度。

一個人為人處世的態度與他的家庭氛圍、成長氛圍有著密不可分的關係。當然，也是可以後天改變和培養的。如何保持積極主動的態度面對工作呢？以下幾點建議希望你收藏好：

保持規律的作息、健康的飲食

「健康是革命的本錢」。事實證明，一個人的生理狀態很大程度上決定著其心理狀態。試想，如果一個人痛苦、飢餓、疲憊，連保證基本生活都困難，哪裡有多餘的精力應付工作呢？保持規律的作息、健康的飲食，聽舒緩的音樂，讀心儀的書籍，這些都可以幫助我們維持良好的生理狀態。

給自己積極的心理暗示

人們很容易受到心理暗示的影響。很多人嘴上喊著「沮喪」，不知不覺就真的喪氣了。同樣，如果你能給予自己積極的心理暗示，態度也會變得積極起來。用「我可以的」代替「我很害怕」，用「我能靜下心來，我挺喜歡這件事的」代替「我真煩躁真厭惡這件事」。積極的心理暗示並非要你顛倒黑白、扭曲事實，而是讓你逐步轉換視角，看事情由悲傷消極的一面轉為快樂積極的一面。

常做那些「高能量姿勢」

美國作家艾美．柯蒂在她的《姿勢決定你是誰》一書中，提到「讓身體決定心理」的概念，並通過哈佛大學長達數十年的科學實驗證明了這一點。直白地說，即：在日常生活中可以通過做一些擴展性的姿勢讓自己身心舒暢、舒緩緊張沮喪等消極情緒。

書中提到了一個經典的「高能量姿勢」是「神力女超人」姿勢，即雙手叉腰、兩腿分開、頭部向上揚起，並在心中告訴自己：「我完全能 hold 住（能掌控）這樣的場面。」實驗證明這個姿勢可以給人們帶來信心。

當我們看問題的視角提升到一定高度時就會發現，與宏大的人類社會相比，工作的壓力和煩惱實在是微不足道的。當你為一週的工作而抓狂的時候，世界的某一角或許正上演著戰爭；當你為月薪沒有達到自己理想的水準而忿忿不平的時候，有人連下一頓飯都沒有著落；你為一點雞毛蒜皮的事情而感到天崩地裂，有些人卻已在瀕臨崩塌的邊緣；當你為生活瑣事消極抱怨個不停，有些人卻面臨著生死抉擇。

很多時候，我們以為有些處境艱難得無法逾越，卻不知道有人比我們更艱難，可他們仍然在別人看不到的地方勇敢地活著。所以，何不以一種積極進取的態度對待工作與生活呢？哪怕是腳踩泥濘，只要眼睛向前看，仍然不會錯過一路的好風光。

訓練34

用「做做看」代替對結果的計較

很多人在做事之前會反反覆覆地思量，猜想各種選擇的最終結果，渴望做出效益最大化的選擇，這樣的出發點是沒有錯的。問題是，很多人在評估的過程中迷失了，他們發現問題本身並沒有自己想像得那麼簡單。

事物的發展是個動態的過程，在這個過程中會有各種各樣新的元素出現，誰也不能精確地計算出到底哪一種選擇才是效益最大化的。更遺憾的是，反覆比較的過程浪費了大量的時間，這些時間本可以用在執行任務上。

與其過於計較結果，不如先做做看。對結果的比較，只是停留在口頭上的分析，而「做」指的是「做出具體的行動」，行動永遠比語言更有說服力。

對於「做做看」，我們要避免以下幾個誤區：

「做」不是盲目地做，而是有方向、有目標地努力

比起做這件事本身，「做做看」更加強調的是你的行動力。光有滿腔熱血是不行的，你得付出行動，盲目的行動亦是不可取的，明智的人懂得在行動之前制訂好計畫，知道自己要前往的方向。有目標的努力才能把力氣集中到一個點上，攻堅克難。

「做」不是一個一成不變的過程

堅持不懈、始終如一是人類美好的品質，但如果演化為墨守成規、不知變通就未免太過可惜了。要知道，「做做看」並非一個一成不變的過程，這個過程是動態的，身處其中的你不應該一味地向前衝，而應該時不時停下腳步審視一下自我，眺望過往的路，總結經驗、吸取教訓。行動是一個靈活的、可調整的過程，而不是固定不變的。

「做做看」的本質在於突破自我

很多人在做選擇的時候畏手畏腳，過度擔心損失，導致始終徘徊在原地不願向

前一步。對結果的一次次比較看似是在明智地分析問題，實則也是一種逃避。只有當你真正邁開第一步，開始做出行動的時候，才是真正的正視問題，這是自我的突破。

珍惜試錯的機會和成本

每個人的精力和財力都是有限的，隨著年齡的逐步增加，能夠做某些事情的機會也越來越少，生活狀態趨於穩定。適合在這一個年齡段做的事情，不一定就適合在另外一個年齡段裡做。所以，試錯的成本是有限的，要倍加珍惜。放手去做本身就是個試錯的過程，在這個過程中你才能不斷矯正方向，「有限的試錯成本」包括時間成本、精力成本、金錢成本。

關於行動的力量，俄國作家克雷洛夫詮釋得非常到位，他說：「現實是此岸，理想是彼岸，中間隔著湍急的河流，行動則是架在川上的橋樑。」誠然，行動和結果都很重要，但如果一味地擔心結果而忽略了行動的重要性，就只能看著一無所獲的自己感到自慚形穢了。

H在一個鄉鎮機構做公務員，每天朝九晚五，有不少的閒置時間。他打算發展一項副業，在網上搜索好幾天後，他決定寫小說，然後投稿給相關平臺。H通過各種途徑找到了很多投稿管道，於是他開始仔細地比對：哪一家的稿費更高呢？哪一家審稿週期更短呢？哪一家最誠信不會騙稿呢？我投了之後會不會石沉大海呢……

就這樣，H花在思考結果上的時間，遠遠比花在寫小說這件事本身的時間要多得多。而這些所謂的「思考」，不過是一些毫無意義的幻想罷了。他的小說還隻字未寫，內心就已經被猶疑和糾結充滿了。

糾結了很久，H終於草草寫完了一篇小說，投進了「最合適的那家」的郵箱。相應的截止日期到了，H理所當然地沒有收到任何回覆。

過於計較結果，會讓我們在還沒有開始行動的時候內心就充滿恐懼、猶疑，行動上也變得飄忽不定。與其想太多沒有實際意義的東西，不如踏踏實實地走好每一步。誰也不知道在行動的過程中會發生什麼有趣的事情，又會與哪些機遇撞個滿懷。所以不妨大膽一點、灑脫一點，即便沒有百分之百的把握，也要拿出十二分的勇氣去嘗試，總好過永遠在原地踏步。

汪國真先生在他的〈熱愛生命〉一首詩文中寫道：「我不去想／是否能夠成功／既然選擇了遠方／就只顧風雨兼程。我不去想／身後會不會襲來寒風冷雨／既然目標是地平線／留給世界的只能是背影。」

當你開始去「做做看」的時候，難免會遇到一些或大或小的阻礙，但也正是這些阻礙將我們塑造成自己喜歡的樣子。此刻，就放下你心中的猶豫吧，不必過度在意結果怎麼樣，用行動向你的目標邁出第一步。

訓練35

遇到困難不找藉口找方法

小韓和小王畢業時學經歷不相上下，同時入職了一家網路公司。原本勢均力敵的兩個人卻在進入職場一年後產生了巨大的差距。

年終的時候，小韓除了原本的薪資，還得到了一份頗為豐厚的獎金。這讓小王心理不平衡，他甚至想衝到老闆的面前質問他：「憑什麼給小韓那麼多福利，我勤勤懇懇工作，為公司做牛做馬，哪裡就不如他了？」但也只是想想而已，縱然心中忿忿不平，也不會把這樣偏激的話說給老闆聽。

其實兩個人是有顯著差距的，這種差距不僅體現在工作能力上，更多的是體現在思維模式以及行為方式上。小韓和小王，兩個人展現出來的是截然不同的精神風貌。

每當工作中面臨著相似的困難，前者第一反應是想辦法解決，自己一籌莫展之時就向別人尋找幫助，即便動用所有人脈跟資源，也要把問題解決掉。而後者則是消極心理，遇到問題首先找一堆藉口，等到冷靜下來發現這樣並沒有用的時候，別人已經先一步解決了問題。

思維方式決定行為模式。「不找藉口找方法」就是一種理智的思維模式，當難題擺在我們面前的時候，找藉口便是給自己充足的理由逃避和鬆懈，容易產生消極迴避的情緒。當一個人被消極情緒淹沒時，想要憑一己之力走出來是很難的。而「找方法」的思維方式直接越過了「焦慮、逃避」這一步，與實際存在的問題「面對面碰撞」，更容易早點想出解決方案。

讓我們再回到小韓和小王的故事。有一天，他們收到了同樣的任務安排：幫助公司推廣新出的App。這可把小王煩惱死了，新上線的App各種功能還不完善，公司的知名度也不高，這要怎麼辦是好呢？就這樣，半個月的時間一晃而過。

小韓的反應則與小王截然相反。接到任務的他第一時間想解決方案，他先是讓自己的親戚朋友下載這款App，作為第一批種子客戶測試App的各項功能，然後及時回饋使用體驗。其次，小韓招募了幾個工讀生，一起去街頭做地面推廣，效果也很不錯。最後就是利用社交媒體廣告投放。

當小王正急得像熱鍋上的螞蟻團團轉時，小韓已經把這一切有條不紊地做好了。試問，這樣的人怎麼會得不到主管的賞識呢？前者找藉口，後者找方法，兩種截然不同的思維模式直接導致了不同的行為方式和不同的結果。

王小波在他的散文集中說道：「人的一切痛苦，本質上都是對自己無能的憤怒。」我們會為工作中的困難感到焦慮、埋怨，甚至惱怒，本質上是因為自己的無能為力，而人的自尊心是極強的，寧願找各種各樣的藉口來安慰自己，也不願承認是自己能力不足的問題。

遇到困難不找藉口找方法，其實是一種難得的謙遜，敢於承認自己沒有得天獨厚的天賦，能夠在第一時間給出對策，所以願意嘗試、願意主動尋找方法。

對於職場新人來說，「不找藉口找方法」尤其重要。初涉職場的「小白」常常在面對一些問題時手足無措，聲稱自己「之前沒有接觸過」、「第一次遇到這樣的事情不知道該如何處理」，仿佛找到了藉口就可以把責任推卸給事情本身，而不是自己似的。但我們知道，問題不會自行消失，還是等待著人去解決的。

對於一個企業來說，重要的永遠是解決問題的方法和策略，是那些能夠真正將企業效益提升一個檔次的員工，沒有人願意聽你喋喋不休的抱怨。相比於低效而無用的藉口和說辭，大家更重視最終的結果。

「找藉口」是本能，「找方法」卻是智慧。前者讓問題停滯不前，後者卻能引領我們漸至佳境。還記得烏鴉喝水的故事嗎？又細又長的瓶頸彷彿是存心跟烏鴉過不去，可是烏鴉既沒有抱怨瓶頸過高也沒有抱怨自己天生長了一張又短又扁的嘴巴，而是決定「智取」。他叼來一顆顆小石子扔進杯中，隨著石子的沉積水面逐漸變高，烏鴉順利地喝到了水。

悲觀的人會想，烏鴉的處境真是太糟糕了。自身條件的欠缺似乎能允許他找各種藉口來逃避「喝不到水」這件事。但顯然故事裡的烏鴉是聰明的，比起「自我欺騙式的」找藉口，他更關心自己能不能喝到水。

方法總比困難多。在面對難題的時候，最無效和懦弱的表現之一就是找藉口，而「找方法」恰恰意味著更多的出路和可能性。那麼，如何「找方法」呢？

網路時代可以利用的資源很多，各種搜尋引擎是人們的第一選擇，此外還有種種專業的網站，以及社交媒體。如果這些還不能幫你解決問題的話，快捷的聯繫方式可以讓你在一秒鐘之內發訊息給相關領域專業人士。團體協作平臺則可以把天南地北的人聚集到一起，一起進行頭腦風暴、探討最佳策略。

下一次，當你遇到難題的時候，把即將說出口的抱怨收回，取而代之的是認認真真地問自己：「我應該怎樣解決這個問題，並達到我的目標。」

訓練36

不求完美但求盡最大的努力

生活中，有這樣一群「完美主義者」——他們嚴格鍛煉、認真健身，對自己的身材和外貌有著近乎嚴苛的要求。不僅如此，他們在很多事情上都苛求完美，大到每一次重大抉擇，小到生活中微不足道的細節，恨不得一切都要達到最好。完美主義者的痛苦之處在於：明知道這個世界的本質就是不完美的，還是試圖拚命填補那一點缺憾。一方面追求極致的完美，一方面又為自己達不到這樣的層次而煎熬。

越是達不到自己想要的完美程度，越是不斷深入，本來可以很輕鬆解決的問題也變得複雜難纏起來，拖延也是情理之中的事情了。

其實你不必做一個完美主義者。「完美主義」本就是個無法達到的層次，追求完美的過程一方面不切實際，一方面會令人身心俱疲。比起想要成為一名「完美主義者」，你更應該成為一名「現實主義者」。

相對於完美主義者，「現實主義者」強調在遵從現實的基礎上力爭自己渴望的東西。「完美」代表著一個不切實際的結果，「現實」則對應著一個百分百豐富的過程。「完美」是遙不可及的，「現實」卻是真實可觸碰的。不求完美但求盡最大努力，這便是人生最好的狀態。關於這一點，可以延伸出以下幾點人生哲學：

不存在絕對的完美

衡量一件事物是否「完美」，是需要特定的標準的，而每個人心裡的標準是不同的。「一千個人眼中有一千個哈姆雷特」，凡事皆有對立面，你覺得完美的事物別人未必覺得。這個世界不存在絕對的完美，一切都是對比產生的，比如貧窮與富有、疾病與健康、完美與缺憾，對立的事物相依而生，不存在單一存在的現象。

人的欲望是無止境的

人的欲望向來是無止境的，身處窮困之中只想食能溫飽、衣能蔽寒，等到飲食起居安穩了，又渴望錦衣玉食、豪車接送，真的等到揮金如土之時又開始貪戀美色，渴望左手美人右手江山……欲望永遠不能被滿足，永遠有想要的新鮮東西。「追求」是人類合理的權利，但若想填充這欲望的無底洞無疑是一種奢求。

過程比結果更重要

「過程比結果更重要」，這句話並非在強調過程的重要性遠大於結果，而是闡述了「過程」與「結果」之間的邏輯關係。我們說過程更重要，是因為過程直接決定著結果，所以把握好過程，便是最大程度上掌控了事情發展的動向，朝著最理想的結果邁去。

當然，這個過程中可能會出現一些不可控的元素，甚至打亂全局，不過這是無法避免的。一言以蔽之，按部就班的過程往往能讓你有最大的機率，獲得你想要的結果。

真實比完美更有力量

加拿大傳奇民謠詩人李歐納．柯恩在《頌歌》中寫道：「萬物皆有縫隙，光就這樣透進來。」動人心魄的事物往往是那些看起來不甚完美的，比如女神維納斯的雕像，經過多年雨水的沖刷已變得斑斑駁駁，儘管如此，斷臂的維納斯仍能讓前來觀摩的年輕人潸然淚下。這是真實的力量。

「完美」像是架在高高的樓上的一件寶物，當你未曾擁有時對它充滿渴望，於是拚命攀爬、拚命去夠，等到離它越來越近時又會發現，所謂的完美不過是一種永遠無法達到的狀態，像是天邊的雲，你借助再高的梯子也只能撫摸到一陣空蕩蕩的風罷了。

比起追求不切實際的完美，聰明人會把精力放在過程上，力求每一個階段都能盡自己最大的努力，這些短暫的片刻拼接起來就組成了一幅廣闊的人生畫卷。「完美」永遠是一個虛空的概念，你能把握的只有現實。

努力，在任何時候都不會是一個錯誤的選擇，它是一種使出全力做事的狀態，也是一種積極向上、不過分苛求的態度。努力的人生終究會水到渠成，這一路上所經歷的坎坷和磨難都是在為將來的幸福埋下伏筆。放下對完美的執念，追求那種努力而充滿希望的狀態吧！

敢於平凡讓你更有「底氣」

人的一生有三次成長，第一次是在嬰兒時期，意識到自己並不是世界的中心。瑞士心理學家將這一過程稱為「脫離自我中心」。第二次成長，是你意識到有些事情無論怎麼努力都不會成功，你就會在失敗面前釋懷；第三次成長是你明知道有些事情不會成功，但還是會堅持去做，這是一份盡人事而聽天命的坦然，更是一種明知山有虎偏向虎山行的勇氣。

這三個成長過程雖然不盡相同，但都表達著同一個中心思想：人類生而平凡，而敢於承認自己的平凡，認識到自己的能力有限，恰恰是自知，是一種可貴的品質。

或許你會說，像愛因斯坦、霍金這樣開闢人類歷史新紀元的偉人，他們應該另當別論嗎？答案是否定的。那些一生中做出巨大貢獻的人往往不把自己看得太高，相反，他們會始終保持謙遜和求知的態度，在科學的道路上不斷探索。

地球誕生至今已有五十餘億年，在這漫長的時間軸裡，物種繁衍、萬物更迭。而浩瀚的宇宙更是令人遐想，在那廣袤和漫無邊際的空間裡上演著怎樣壯闊的故事，渺小的人類無法知曉。把人生區區數十載放到廣闊的宇宙裡，不過如同滄海一粟，瞬間消失的吉光片羽。

這樣想來，我們每個人都是平凡的，儘管人們追逐金錢、名利，在人類的世界裡上演著無窮無盡的競爭和角逐，為衝破階層而努力，為坐擁財富而開心，不可否認的一點是：我們仍然是平凡的。

但在現實生活中，往往有許多人並不能認識到這一點，他們常常擔心自己走在他人的注視下，每每及此就焦慮恐慌、無法把真實的自己展現出來。有時候過分用力反而弄巧成拙。

K就是這樣一個人，他常常調侃自己：「我有社交恐懼症，不敢在太多人面前演講。」事實是，他不僅害怕演講，就連日常生活中與人交往都戰戰兢兢。他總是努力地把自己「隱藏」起來，將自己在一群人中的存在感降到最低。他說：「我害怕被別人關注，別人的目光總是讓我很不舒服。」

人類社會以群居為顯著特徵，沒有人能夠脫離集體單獨生存。所以，K難免要與同事、上司打交道。每次公司開會的時候，K都會提前三十分鐘到場，第一個入座，這倒不是因為他勤快，而是因為他害怕在眾目睽睽之下走進會議室，更害怕同事們隨心的一聲招呼：「你終於來了啊。」這會讓他在接下來的整個會議時間如坐針氈。

K的問題在於，過分在意自己在別人心中的地位，亦沒有認識到自身的平凡。他誤以為所有人的目光都會聚集在自己身上，甚至把他人的隨口一句玩笑當成嘲諷或奚落，賦予它們無中生有的意義，將自己的尷尬無限放大。其實，他真的有那麼引人注意嗎？並非如此。對於一場會議來說，大家更重視發言人的表現，對參會的人卻不會過多留意。

太希望與眾不同、太渴望完美無瑕，會讓人畏畏縮縮、患得患失。相反，敢於承認自己的平凡不僅是一種謙遜的表現，更是一種前進的動力。承認自己是平凡的，平凡人都會有瑕疵、有不足，反而能讓你放開手腳做事，不怕失敗、不怕犯錯；這才是承認平凡的力量。敢於「平凡」讓你更有底氣，在外人看不見的角落裡默默耕耘，朝自己的目標邁進。

蘇聯領導人史達林曾說過：「經常有這樣的情形：為科學和技術開闢新道路的，有時並非科學界的人物，而是與科學界沒有直接關係的人物，平凡的人物，實踐家、工作革新者。」成功來自於日復一日的積累，那些劃時代的偉大事物往往是在平凡之中誕生的，他們的創造者也是一群「平凡但充滿野心」的人。

平凡不等於平庸。「平凡」更多指的是一個人的心態和他對自我的認知，是一種保守的、謙遜的生活態度。而「平庸」則更多地指向「庸碌」。平凡的人把每一件小事做好就不平凡，而平庸卻是如影隨形的，讓人無法掙脫的糟糕的生活狀態。希望你能成為一個平凡而不平庸的人，在平淡的日子裡活成自己的耀眼星辰。希望你能坦然地走在眾人的目光之中，不是如負千斤，而是輕輕鬆鬆。不要因為害怕平凡而錯過了一路上的好風景，以一顆本真的心去洞察生活就會發現很多以前忽略的美好，那正是平凡之美。

Saturday ▌ 星期六

拆掉思維的壁壘

改變固化的思考模式，

跳脫舒適圈，在嘗試之前先別設限；

若是外在因素無法改變，那就從自身找突破口。

訓練38

刪除「我必須」的思維模式

N是一個經常給自己施加壓力的人，他常常掛在嘴邊的話是：「我這次必須要拿下這個項目，過了這個村就沒了這個店了。」「我這個月的業績必須拿到第一。」「我必須……」每次這麼說，看似決心滿滿，但只有N自己知道心裡是背負著多麼大的壓力。

週末，好久不見的朋友約N出去吃飯。N在電話中對朋友說：「要想週末和你出去玩，我必須要提前兩天把所有任務完成，真的『壓力山大』啊。」

聽到N這麼說，弄得朋友都不好意思了，連連說道：「要是時間上不方便的話就下次約吧。」N剛想解釋，朋友已經掛掉了電話，從此雙方沒有再聯繫。

朋友想著，好久沒見的老同學了就抽時間見個面吧，這都要推辭。聽他那說話的語氣，要是任務沒完成豈不是全怪在我身上？而N渾然不知朋友的氣憤從何而來，反倒是覺得自己壓力巨大卻不被理解，顯得非常委屈。

很多時候，阻礙我們的不是自身實力，而是思維。一個人的思維決定了他做事情的方式，要想拆掉思維的壁壘，第一步就是要刪除「我必須」的思維模式，把「我必須」換成「我可以的」、「我能做到的」。

「我必須」帶著幾分強求的意味，明明內心是極不情願做這件事的卻還要硬著頭皮做下去，關注點在於「不得已」上面。而「我可以的」、「我能做到的」則表現出對自己能力的自信。你有沒有發現，有時候我們對一件事情的認知很受自己思維和心態的影響，這種影響的程度之大甚至超過了問題本身。

當你說「我必須」的時候，主體處於弱勢的、被動的地位，像是在被外物逼迫著走。而當你說「我可以」的時候，則處於強勢的、主動掌控局面的地位。這種「掌控感」可以讓我們在處理很多事情的時候遊刃有餘。

再次回到前面的事例中。主人公N其實是很樂意和朋友一起出去的，但一貫的思維告訴他：你必須要完成一些硬性任務才能赴約，而完成任務的過程是痛苦的、疲憊的。倘若他換一個思維方式和表達方式，通話的內容就變成了：「我會提前兩天把工作任務完成的，到時候和你暢快淋漓地玩！」頓時，交流的氛圍就變得輕鬆了，N也會對工作充滿了征服欲，而不是恐懼與不得不面對的壓抑。

當我們說「我必須」的時候，看似語氣十分堅定，其實已經在心裡快速作出了妥協，試圖給自己寬裕的讓步空間：真的必須要做嗎？可不可以不做呢？或者，可不可以隨意一點呢？

「我必須」表現出來的是一種不自信，而「我可以的」、「我能做到」則是一種自信滿滿的狀態。當我們說「我可以」的時候，目標指向就十分明確，對自己解決問題的能力也充滿了信心。

詩人但丁將自信的品質與宏大的人生聯繫在一起，他說：「使我漂浮於人生的沼澤之中而不致陷溺的，是我的自信。」而拿破崙說：「人多不足以信賴，要生存只有靠自己。」也反映出其對自我的絕對信任。

拿破崙以親身經歷證實了這句話。憑著自信和實力，他建立了強大的法蘭西第一帝國。自信的人總是能感染身邊的人，作為法國歷史上最出色的政治家和軍事家，拿破崙也不例外。

有一天，一個士兵騎馬給拿破崙送信，路途遙遠，等到達目的地時馬已經累倒了，拿破崙迅速寫了一封回信交給士兵，讓他騎著自己的戰馬把回信送過去。

那個士兵看著裝飾華貴的戰馬，料想其價值不菲，感到誠惶誠恐，他對拿破崙說：「我是如此卑微的一個士兵，不配騎您這匹華貴的戰馬。」拿破崙連連搖頭，告訴他：「世上沒有法蘭西士兵配不上的戰馬和榮譽。」士兵聽了這句話後深受鼓舞。

自信是一個人永恆的魅力，當你把口頭禪由「我必須」改為「我可以」之後整個人都會變得自信起來。希望你能掌控你的人生而不是被生活推著往前走。

訓練39

認清自己的長處與短處

不知道你的身邊有沒有這樣的人？明明不擅長一件事情卻非要死磕到底，最後落得身心俱疲。他們通常看不到自己的優點，一邊觀望著別人的生活一邊悲觀感歎：「唉，我什麼時候能做到像他那樣啊？」一轉頭仍然過著渾渾噩噩的生活，對於身邊的事物都提不起熱情來。

當別人問起近況時，他們總是疲憊地抱怨：「我啊，還是老樣子唄，又沒有什麼特長也沒什麼競爭力！」這類人看不到自己的優勢和長處，被一時平淡的生活沖掉了熱情，於是日復一日得不到提升。

還有一種人，則是過分驕傲自大，很容易「飄」。他們大多在某些領域有不錯的成就，便對自己的成就沾沾自喜，甚至完全忽視了自己的不足，一旦遇到瓶頸就容易陷入困境。這類人是過分關注自己的優勢而忽視了自己的不足與短處。

一個真正理性的人，對自己有清晰的認知，瞭解自己的長處和優勢，也能正視自己的短處和劣勢，不為前者而忘乎所以，也不為後者而自慚形穢。保持理性與清醒，把自己的優勢發揮到最大化，同時儘量避免劣勢帶來的傷害。在學習和工作中，如果不懂得規避劣勢，會造成很大的損失。

「水桶效應」傳達的就是關於規避短處的理念：一個普通的水桶由很多塊木板組成，它能盛多少水取決於最短的那根木板，估測這個水桶的容量時要看最短的那塊木板，而不是最長的。在製造水桶的時候要想發揮其最大的盛水潛力，就必須要保持所有木板長度相同，但凡有一根偏短的盛水量就會大打折扣。

把「水桶效應」應用到工作和生活中同樣成立。對於一個組織或者團體來說，要想實現效益最大化就要保證每個人在有限的時間、空間裡發揮自己最大的潛力，如果有一個人掉隊很有可能會導致整個團隊工作中斷，前功盡棄。對於個人來說也是如此，可以以參加考試為例，如果有一門嚴重偏科，即便其他科目發揮到極致可能也無法到達理想的水準。

「水桶效應」給我們的啟發是：要想取得最大化成績，必須要多方面均勻發展，不可有特別欠缺的漏洞。如果說「水桶效應」教會我們規避短處，那麼另外一種思想則鼓勵我們發揚長處。古往今來，但凡有所成就的人必然是在某些方面有所突出的人，他們很可能在其他事情上都很平庸，但唯獨在某一個方面超越其他人，才能取得驚豔眾人的成就。

著名科學家法拉第被世人戲稱為「文學白痴」，那些文學家們拿捏得當的文字在他看來簡直是噩夢，但正是這樣的法拉第發現了自己在理學上的天賦，他對於電力研究的熱愛一發不可收拾，幾乎全身心地投入到電力學研究中，將自己的長處發揮到極致。後來發現了電磁定理，建立了電磁學說，帶領人類進入電氣化世界的大門。

林肯當年在參與美國總統競選時，因為沒有強大的財力支撐而處於劣勢，但他卻毫不自卑。當有人問他有多少資產時，林肯不卑不亢地回答：「我有一個妻子和三個兒子，他們是無價之寶。我還租了一個辦公室，裡面有椅子一把，書架一副，上面的每一本書都值得細細品讀。我本人既窮又瘦，我實在沒有什麼可依靠的，唯一可以依靠的就是你們。」

林肯巧妙的回答讓他避開了自己的劣勢，同時又拉近了和中低層民眾的距離，放大了自己的優勢。林肯的睿智、有趣、領導力和他的口才都是他的長處，在他任職之後把這些長處充分應用到了工作中，帶領美國走向更好的未來。

認清自己的長處和短處非常重要。當你學會發揚長處、規避短處，事業就能取得事半功倍的效果。相反，如果你總是跟自己的短處過不去，總是死磕自己不擅長的事情，甚至逞強接受那些自己並不擅長的工作任務，很有可能會事倍功半。

很多人會說：活了這麼多年我仍然沒有發現自己非常擅長的事情，這是不是證明我是個失敗者？答案是否定的。我們的長處和短處有時候無法自動顯示出來，需要我們主動去嘗試跟發掘。

那麼，如何認清自己的長處和短處呢？

多多嘗試新事物，開拓新領域

只有盡可能地嘗試新鮮事物，你才能判斷自己擅長不擅長，如果你總是固步自封、每天虛度光陰，很多機會就溜走了。接觸新領域、與形形色色的人交流，在這個過程中你的視野會得到拓展，當你把自己的心胸打開了，世界便會給你更多可能性。

採納他人的合理意見和建議

「當局者迷旁觀者清」，往往當你身陷一個問題百思不得其解時，他人卻可以一語點醒你。我們對自身的認知通常存在偏差，他人卻可以看得很清晰，優勢和劣勢、長處和短處，盡收眼底。所以，他人的建議有時會對我們產生莫大的幫助。當然，在耐心傾聽他人建議的同時，也要保持可貴的理智。我們可以接受他人的意見，但不能喪失自己的判斷。

人無完人，存在缺點和不足並不是什麼丟人的事情。長處和短處就像化肥和雜草，在這片叫「人生」的麥田裡共存，前者讓我們變得更好，後者牽制著我們的成長，雙方都是無法根除的。化肥讓麥田更好地生長，少量的雜草是負面的環境因素，但是它鍛煉了麥子掙扎生長、抵抗外因的能力。從現在開始，正視你自己吧！將長處發揮到最大，盡可能地規避短處吧。

訓練40

繃得太緊時讓自己停下來

Q最近的狀態很是糟心，整個人被工作和家庭兩面夾擊，既要忙著工作又要關心孩子在學校的表現。Q自以為已經很顧家了，妻子還常抱怨他是「工作狂」，眼裡只有工作卻沒有家庭，這些偶爾的小摩擦常常能令他崩潰。

其實，妻子也沒有說什麼偏激的話，只不過那些偶爾的抱怨是「壓死駱駝的最後一根稻草」，讓本就緊繃著神經的Q感到抓狂，崩潰也是情理之中的事情。冷靜下來的Q會發現，自己給自己的壓力真的太大了。

業績要爭做最好的，與周圍人的關係要保證天衣無縫。每天不是跟客戶談工作，就是奔波在見客戶的路上。難得的週末不用來休息，而是用來陪妻子、孩子一起出去旅行、玩耍。旅途的疲憊從未聽他抱怨、工作的壓力也從不向家人朋友吐露，他努力在所有人心目中保持「正能量」的形象，不希望身邊人被自己的沮喪感染。

終於有一天，Q因為過度疲勞住進了醫院。他是一個優秀的員工、合格的丈夫、慈愛的爸爸，但唯獨對不起自己。人體不是機器，一個人的精力是有限的，禁不起毫無節制地消耗。機器尚且需要維護、清理，運轉過度也會支撐不住，更何況是血肉之軀的普通人呢？不合理的工作強度會讓人的神經一直緊繃著，而這種狀態無疑是將一個人推向崩潰的最快途徑。

這個時代，讓人焦慮的元素太多了，社交媒體上種種關於同齡人優秀事蹟的報導，關於房價、車價的消息一次次牽扯著人們的神經，鋪天蓋地的焦慮席捲而來，讓人一不小心就被巨大的壓力吞噬。於是，一邊拚命前進，一邊深夜失眠，成了很多現代人的常態。緊張焦慮→失眠→緊張焦慮，在工作中消耗的體力非但沒有在睡眠中恢復，還陷入了惡性循環。

繃得太緊時不妨讓自己停下來。這裡的「停下來」不是指完全停滯不前，而是休息和放鬆。停下來是為了更好地出發。在暢銷勵志書籍《這個世界沒欠你》中這樣闡釋「暫停」的意義：「停下來是為了思考前進的意義和方向，而不是為了呆立原地，時間無涯的殘酷在於，它不等任何人。」停下來是為了放鬆身心、休養生息、聚集能量，然後拍拍身上的灰塵，繼續趕路。「停下來」包括兩方面的

「暫停」：

身體上的休息

工作實質上是將腦力或者體力轉化為抽象成果或者實物的過程，這個轉化的過程消耗了我們大量的體力。在一段時間的高強度工作之後，人體必須要得到充足的睡眠和休息。

「停下來」最直接的體現就是身體上停下來，規律作息，飲食均衡，日常多食用水果和蔬菜，多去戶外呼吸新鮮空氣，跟街坊鄰居熱情地打招呼等等。

心理上的緩衝

人腦對疲憊的感知力是很敏銳的。「停下來」不僅身體上要得到充分的休息，心理上也要放鬆。短暫性地拋開工作的煩惱、生活的瑣碎，讓這段時光專屬於你自己。在灑滿陽光的青草地上睡個午覺，在波光粼粼的湖邊散心，為疲憊的內心注入新鮮空氣。

從前人們鼓勵勤奮，標榜拚命努力，但現在已經很少有人盲目對一件事投入大量精力了。越來越多的人意識到，一味地拚命前行並不能走太久，往往會因為體力不支或耐心耗盡而半途而廢。適時的休息能讓頭腦更靈活、做事情更具熱情，又何樂而不為呢？

之前關於「為什麼男人通常在下班後會在車上獨自待一會才進家門」的問題，引起了熱烈討論，其中有一個回答道出了人們的心聲：因為在公司的時候他是員工，在家裡的時候他是父親和兒子，在職場上他是拚命進取的新人……一天穿插著無數個片刻，但這些片刻他們都擔任著不同的角色，只有獨自待在車上的那幾分鐘才能成為自己。

在車上短暫的幾分鐘放鬆時間，又何嘗不是一種「停下來」呢？

停下來，還能看到很多平時忽略掉的風景。從前你心裡的目的地只有公司，腳步放緩、停下來之後你能看到身邊更多美好的風景了，或許是路邊的野花，或許是鄰里和善的微笑，或許是家人一句細心的叮嚀。是這些微小而美好的事物讓你變成一個更加溫柔的人，而不是沒有思想的工作機器。

停下來是為了思考未來的方向。事物是一個動態變化的過程，我們的目標和實施方案也應當隨機應變，一個勁地往前衝並不可取。停下來，分析當下的形勢，洞察容易被忽視的細節，回顧過往的道路，在這個過程中你會得到啟發，從而明確接下來的方向。

訓練41

別擔心達不到完美的結果

莉莉這兩天一直處於焦慮之中，因為公司最近要安排她見一位重要客戶，雖說莉莉已經工作好幾年了，但還是第一次被委以如此重任，她很怕搞砸了會對公司造成不良影響。莉莉理想中的自己是要表現得完美無缺的，最好能給客戶留下親切又能幹的年輕人的印象。

如果不小心說錯話就糟糕了，莉莉心想，她對自己說：「我一定要好好表現，可不能說錯一句話，不能一言不發，也不能一開口就暴露自己的無知，看來約見大客戶還是個技術活啊！」越是這麼想，心裡越緊張，莉莉已經連續失眠好幾天了。

主修心理學的朋友覺察到了莉莉的擔憂，他耐心地開導她：「不要總是擔心達不到完美的結果，這麼說吧，以妳的能力和經驗，就算對方再難纏也不至於讓公司蒙受損失，結果不會差到哪去的。」「真的嗎？」莉莉半信半疑。朋友一再地肯定，莉莉這顆懸著的心才逐漸安定下來。

從小到大，我們就被告知產品有「不合格、合格、良好、優質」之分，這種區分和評判的標準不知不覺被我們代入到生活中的各種情境：學業成績有優劣之分，工作表現有優劣之分……處處充斥著衡量與比較。大多數時候是努努力就可以達到「合格」或者「良好」的水準，但還是有很多人前赴後繼去奔向那個「優質」，甚至比優質更圓滿的「完美」。

追求上進是人類在數萬年的自然進化中養成的屬性。但這種對於「完美」的迫切需求常常壓得人們喘不過氣來。無數的消極情緒：焦慮、擔心……紛至沓來。每個人心中都對自己正在做的事情有一個「完美的期許」，希望一切如願以償，達到最好的狀態。但是，這種擔心反而會削弱我們的行動力、分散掉注意力。

一百分固然完美，可是八十分也很棒了啊。別擔心達不到完美的結果，集中精力做好過程就可以了，這是一種坦然。

「得知坦然，失之淡然，爭其必然，順其自然」是人生的四大境界。能做到這「四然」的人，往往活得超脫而輕鬆。世上不如意之事十有八九，若是事事都苛求圓滿，苛求一個完美的結局，顯然是不切實際的。之所以強調別擔心達不到完美的結果，具體原因有以下三點：

這種擔心是無效擔心

「擔心」是世界上最無效的情緒之一，當事人卻總是深陷其中不能自拔。消極情緒的兩大壞處一個是啃噬人心，讓內心備受煎熬，另一個是浪費時間。悲觀主義者會把大量時間浪費在擔心、焦慮上，問題卻得不到實實在在的解決，等到辛辛苦苦從消極情緒中掙脫出來時早已被身邊人甩下了一大截。

一百分縱然完美，八十分也可以

如果說一百分意味著滿分，意味著傑出和完美，那八十分就意味著優質。人們終其一生追逐那個叫「一百分」的東西，真的有意義嗎？還是說只是為了填補內心無窮盡的欲望呢？一百分固然是極好的，八十分也不差。如果說追逐一百分的過程中要犧牲一些遠比回報來的多得多的東西，那放棄也罷。

苛求完美會給人帶來巨大壓力

如果總是擔心得不到一個完美的結果，你就無法把注意力集中在眼前的事情上。你會時不時地暢想一下未來，甚至會腦補出一幅「把事情做到完美，然後鮮花和榮譽撲面而來」的情景。很大程度上這個場景是不會發生的，因為有限的精力被你分割開來，一邊做事情一邊想結果，無疑是一種巨大的消耗。

不苛求完美並不是呼籲大家懶散隨性，只是一種心態上的淡然：我既然把過程做好了，又何必擔心結果呢？無盡的消極情緒，受煎熬的只會是自己。這種淡然有別於混吃等死，有別於當下流行的「佛系」。相反，它源自於內心深處的自信，一個能把過程穩穩抓在手中的人，又何必擔心結果呢？不論它完美與否，我真的盡力了，這就是對自己最好的解釋。

訓練42

沒有嘗試之前別給自己設限

「我一個私校生怎麼可能考得上公立前段班！」大三了，身邊的同學都陸陸續續開始準備考研究所，J也鬥志滿滿地買了一堆參考書。當父母問起他的理想院校是不是某所公立大學時，J慌忙否認。

E最近剛進了心儀的公司，經過了前兩次的跳槽他自認為這次找到了最好的「歸宿」，打算趁著年輕多拚幾年。可是當長官交給他一份任務，讓他對產品的全國市場進行調查時，他感到為難了，他想：「我的人脈關係，我的力所能及處，絕沒有全國這麼大範圍啊。」

事實上，相當一部分市場調查可以通過網路調研的方式進行，也可以聯繫當地政府或媒體合作，但依照E的思維習慣，第一時間是否定自己，沒有嘗試之前就給自己設了限。

最能夠毀滅一個人的不是外在的否定和嘲諷，而是連自己都不相信自己，連自己都看不起自己。自我設限的人生活得非常憋屈，給自己設的限制就像是矮矮的天花板，一邊向上前進，一邊卻隱隱地害怕觸及。其實，天花板之外還有廣闊的世界，自我設限的人永遠看不到。

還沒嘗試就給自己設限的人一般是出於什麼心理呢？

自卑，認為自己不配得到更好的東西

這種自卑可能與原生家庭有關，也有可能與後天經歷有關。表現出來的特徵是：認為自己不配得到更好的東西或者獲得更大的成功，比起那些野心勃勃的想法和欲望，自卑的人更有可能制定渺小易得的目標，不敢挑戰更複雜、新鮮的東西。

一貫的自卑心理會讓他們覺得：「以我的能力，怎麼可能達到那樣高的水準啊。」殊不知，甩開自卑的包袱，才能更瀟灑恣意地生活，把自己的潛力發揮出來。

過度重視外在因素的重要性

「我家境不好，怎麼跟那些富二代競爭？」

「他的人脈關係那麼廣，我哪敢設定像他那麼高的目標啊。」很多人會把這些話掛在嘴邊，即便有些人礙於尊嚴不說出口，也會在心裡有著這樣根深蒂固的思想：我先天條件不如別人，所以我的人生註定要比別人差一點。潛意識中把自己擺放在了「次品」那一欄。

外在因素固然在人的一生中扮演著重要角色，但這決不能成為一個人妥協、墮落、自我設限的藉口。衝破原始階層走向人生巔峰的人大有人在，睿智的人會把注意力放在自己身上，那些既定的、外在的因素既然是無法改變的，就從自身找突破口。而不是一邊抱怨命運的不公，一邊把自己的人生囚禁在一方窄窄的牢籠裡，觸手可及的是四面封鎖的欄杆。這樣的人生味同嚼蠟。

不設限的人生有多爽呢？

力克．胡哲在他的《人生不設限》一書中提到自己早年的悲觀想法，說道：「錯的不是我的身體，而是我對自己的人生設限，因而限制了我的視野，看不到生命的種種可能。」力克．胡哲比大多數人都要不幸。命運彷彿跟他開了一個巨大的玩笑：自打從襁褓中出生的那一天起，他就沒有雙手雙腳。「醫學上無法給出任何解釋，我一出生就這樣。」力克．胡哲向別人說起這一切時總是面帶微笑，彷彿艱難的人生對他沒有造成一點傷害。

他也曾痛苦彷徨過，也曾自暴自棄過，最痛苦的時候甚至想過自殺，但他最終選擇笑對生活。沒有四肢就不能成就自己的事業嗎？天生殘疾就不能實現自己的人生價值嗎？力克．胡哲偏不相信，他必須要嘗試一次，用力和命運作出抗爭。他不斷嘗試那些以前想都不敢想的事情：寫作、游泳、打高爾夫球、作環遊世界的演講……努力在有限的人生裡不斷突破他人眼中的極限。

後來的力克．胡哲，就是我們現在看到的這樣子，永遠面帶微笑，永遠積極向上。他說：「最大的痛苦不是身體殘疾，而是給自己設了限，過那種沒有盼望的人生。」每個人都是帶著無盡的可能來到這個世上的，何況現代社會充滿著各種各樣的機遇，你永遠不知道下一刻會發生什麼，越來越多的普通人搭著時代的浪潮，讓自我價值得到實現。出身、天資……這些你曾視為阻礙的因素沒准也會成為推動你前行的重要力量。這是一個充滿可能的社會，這是一個平凡人有機會實現偉大的社會。

大膽地說出你內心的渴望吧，不要壓抑，更不要給自己的人生設限，你的人生應當是廣闊的。大膽嘗試和追求那些你以前不敢奢求的事物吧，畢竟你還年輕，有無窮多的可能性。

訓練43

努力跳出熟悉的心理舒適區

網路上對「心理舒適區」的闡釋為：心理舒適區，指人們習慣的一些心理模式，是你感到熟悉、駕輕就熟時的狀態，如果人們的行為超出了這些模式，就會感到不安全、焦慮、甚至恐懼。

「心理舒適區」的概念滲透在我們生活中的方方面面：害怕結交新朋友，寧願自己一個人孤孤單單也不願主動跟別人搭話；不適應新的工作環境，寧願做從前那種枯燥乏味的流水線工作也不敢主動融入新的工作環境；不願奮鬥，寧願一直墮落著也不願意付出努力，因為極度害怕失敗……在那些令人「不舒服」的事情面前，大多數人是被動的、迴避的。

跳出心理舒適區，從某種程度上來說，就是要主動面對這些問題，主動接觸那些讓自己「不舒服」的事物：害怕社交就努力保持微笑、積極參與到大家的話題之中；害怕新環境就深入瞭解它，直到適應它；害怕失敗就勇敢去做，鼓起勇氣面對失敗帶來的直接結果……當然，這個過程中我們會感到「不舒服」甚至很痛苦，但還是要堅持下去。

或許有人會問：既然我待在舒適區那麼舒服，為什麼還要想盡辦法逃離呢？人終其一生不就是要做自己喜歡的事情嗎？

為什麼要努力跳出熟悉的心理舒適區呢？主要原因有這兩點：

那些看似「舒適」的狀態，往往只是表象

不願結交新朋友的人，一方面感受著這種獨處的、比較舒服的感覺，一方面要忍受孤獨和寂寞的侵襲；不願主動與客戶溝通，活在狹隘的社交圈的人，一方面覺得踏實又安心，一方面為本月的業績發愁；整天貪圖享受的人，一方面以窩在沙發裡看劇喝茶為樂，一方面要為亮起紅燈的學業擔心……那些看似「舒適」的狀態，往往只是表象，伴隨而來的還有不斷的自我譴責，舒適區裡短暫的安逸是禁不起現實推敲的。

一時的舒適並不能代表會一直舒適

貪圖安逸一時爽，但你無法一直生活在安逸之中。生活總是充滿變數的，你不能料到下一刻會有什麼樣的事情發生，與之相匹配的是需要什麼樣的抵抗風險的能力。所以，及時跳出舒適區，有意識地訓練自己在某些方面的能力就顯得非常重要，這樣當危機來臨之時才不會手忙腳亂。

心理舒適區就像一塊小天地，處在舒適區的人沉浸在自己的小世界中，看不到外界的風起雲湧。這個小天地的架構是極為脆弱的，被現實的壓力輕輕碰撞就會破碎。只有當你努力跳出心理舒適區，勇敢面對新事物，與你曾害怕的那些東西握手言和，才會看到一個更加廣闊、更加精彩的世界。

有時候，走出現有的舒適區是為了尋求更大的舒適區。試想，當你努力打破自己的心結，能適應那些從前恐懼的、害怕的事情，你可接受的心理區域在不斷增大，這便是一個「心理舒適區」逐步擴大的過程，個體會在這個過程中變得越加強大。

下一次，當你對某件事情第一時間的想法是迴避的時候，不妨給自己十五分鐘的冷靜時間，繼而思考如何邁出這第一步，走出當前的心理舒適區，去擁抱那個更廣闊的世界！

訓練44

防止過分內疚消耗你的精力

很多人對拖延存在誤解，以為拖延等同於懶。其實並不是這樣。拖延和懶的本質區別就在於二者產生的心理體驗：「懶」是心安理得地不做事，沉溺在衣來伸手飯來張口的輕鬆生活；「拖延」卻伴隨著各種各樣的複雜心緒，焦慮、恐慌、自責……拖延的人遭受著雙重折磨，一邊是任務期限的逼近，一邊是由於拖延產生的巨大內疚感。

這是R這個月以來第三次徹底崩潰了。

他幾乎把所有的任務都堆積到了月底，R在外人面前仍然保持著穩重、冷靜的形象，內心已經無數次痛罵自己是廢物了。他覺得自己就是最大的失敗者，甚至有很多次他偷偷在私人帳號上面寫著：「我這樣的人就是世界的垃圾，我根本就不配活在這個世上。」

原本只是拖延了工作任務而已，R卻如臨大敵一般，掉進了情緒的深淵，對自我的不滿意、過分的內疚一直折磨著他，這種痛苦更甚於一切肉體的責罰。這種過分內疚消耗了R大量的時間和精力，變相地讓他更加拖延了。拖延的惡習像是口香糖黏在他身上，怎麼甩都甩不掉。

拖延最可怕的地方不是任務完成率的降低和工作品質下降，拖延最可怕的地方在於讓人產生內疚感，這種對自我的譴責和厭惡才是最難熬的，當一個人開始討厭自己，就算旁人給再多的肯定都沒有用。

設想現在你面前有一條河，不知道河水深淺，你需要到河對岸去。此時，剛好經過一艘船可以載你，你一定會欣喜若狂地乘船渡河。可是，如果現在沒有一切可以渡你過河的工具，要想過河只能直接穿越河水過去，你還有那個膽量過河嗎？

大多數人會猶疑、徘徊、一拖再拖。但是，倘若這時候身後的追兵已經追上來了，再不過河就只能坐以待斃，你就會毫不猶豫地卷起褲腳下水。因為，眼前的路只有這一條，除此之外沒有任何逃生的辦法了。

對於拖延症患者來說也是如此。人們遲遲不敢開始做一件事情，多半是因為恐懼，擔心達不到自己想要的結果，擔心失敗後會造成巨大的損失甚至無法挽回的局面，於是小心翼翼、一拖再拖。其實這是大部分人的心理，所以沒什麼羞於啟齒的，也不需要太過內疚，拖延只是說明你有一點膽小罷了，並不代表失敗。

過分的自我內疚會造成精力的無謂損耗，當你把注意力和情緒全都放在自我內疚上，就疏忽了問題本身。人的精力是有限的，我們要珍惜有限的精力、儘可能把它們投入到工作中，產生最大化效益。

我們從小到大所受的教育都是叫我們變得更加強大，以抵抗外來的打壓和勢力，但卻很少有人提醒我們關注自己的內心。要想摧毀一個人，最快的方法不是從外在強行摧毀他，而是要讓他從骨子裡認為自己是糟糕的、差勁的。

我們知道，試圖用手把生雞蛋握碎是一件很難的事情，但如果是幼雞主動破殼而出，蛋殼便會在一瞬間四分五裂。內在的力量是強大的，無論是正面的還是負面的。

當你明白這一點之後，就會知道內疚非但是無用的，還會對人造成負面影響，小到浪費時間、消解行動力，大到摧毀一個人的人生。

告別內疚吧，你本來就很好，無須在意他人的眼光，拖延雖然是不好的習慣，但只要你願意按部就班地按照本書的訓練計畫做出改變，一定會發生轉機。

Sunday ▌星期日

用自律換得自由

把自己想像成一個不拖延的人；
利用獎懲機制改變行為，懈怠時自我激勵，
有意識地訓練自己成為自律者，
才能擁有從容自由的人生。

訓練45

用延遲滿足擊退拖延的念頭

前陣子有個很熱門的問題：「為什麼有些人寧願吃生活的苦，也不願意吃學習的苦？」人們給出了形形色色的答案，其中有一個答案得到了大家的一致認可：「因為學習的苦是眼前的，而生活的苦是以後的。」

年少時不願勤奮苦讀，及至中年得不到好的職業發展，就要受到生活窘困之苦。相反，如果年少時能夠抵抗誘惑，拋卻安逸，刻苦讀書，到而立之年就更有可能得到理想的生活。

其實，這裡面隱藏著一個「延遲滿足」的概念。所謂延遲滿足，是指一種甘願為更有價值的長遠結果而放棄即時滿足的抉擇取向，以及在等待期待中展現的自我控制力。

直白地說，就是如果你能忍得住一時的欲望，就可以獲得長遠的利益。聽起來很輕鬆，很大一部分人卻很難做到。他們往往貪戀眼前的小利益，急不可耐地想要抓到手中，卻不顧長遠發展。延遲滿足不是讓你放棄幸福只要痛苦，而是鼓勵你用當下的一點點小犧牲換取未來的巨大回饋，這麼好的事情，又何樂而不為呢？

關於「延遲滿足」，美國史丹佛大學曾作過一項知名的研究。總共有十幾名孩子參與這個實驗，他們年紀相仿，來自不同的家庭和階層。研究人員把孩子們分別安排在獨立的小房間裡，房間裡有一張桌子、一個凳子和一朵棉花糖。孩子們被告知，可以吃掉這朵棉花糖，但如果能忍住不吃，等到研究人員回來時就可以再得到一朵棉花糖作為獎勵。

實驗過程中，孩子們展現出了各種各樣的狀態，無一例外地感到煎熬。有的孩子為了不吃棉花糖於是背過身去，或者乾脆閉上了眼。還有的孩子表現出焦急、煩躁的狀態，甚至踢凳子、拿手打棉花糖。實驗的最後，只有三分之一的孩子堅持下來了，從實驗開始到研究人員出現，中間長達十五分鐘。

這個實驗反映出了不同孩子在面對同樣一個抉擇時，有的人能夠做到「延遲滿足」，有的人則很快忍不住。顯然，前者可以獲得更多利益。

「延遲滿足」的規律在工作或學習中同樣成立。當你想要拖延的時候，不如用「延遲滿足」的思想來打敗這個念頭。是的，想要立刻執行任務不耽擱、不拖延對於很多人來說太難了，畢竟大千世界吸引人的東西那麼多，琳琅滿目的商品、花花綠綠的物件，甚至網路上的各種資訊，都能把你的注意力成功吸引過去。這時候不妨在心中擬出兩種結果：

選擇做重要且緊急的事情會有什麼結果

選擇做重要且緊急的事情，意味著你放棄了暫時的娛樂和安逸，但卻能在之後的日子裡獲得更寶貴的東西，或許是直接的利益，或許是機遇。這就是「延遲滿足」。

選擇做短暫又吸引人的事情會有什麼結果

獲得一時的快感，多巴胺的效應來得快也去得快，等到快樂散去，內心裡只剩下一堆虛無，這樣的狀態是很多人恐慌的。片刻的滿足感十分易逝，當你回過神來就會發現，既沒有了快樂的感覺，還給自己留了一堆待完成的任務。

當你面臨周遭事物的誘惑，想要把重要的事情擱置時，請你務必頭腦清醒一點。想一下「延遲滿足」的好處，做一個宏觀全局的人，而不是為了眼前的那點輕飄飄的快樂亂了陣腳。

訓練46

給自己設置一個合理的期望值

每個人都有自己的道路要走，在追求實現目標的路上大多數人都是踽踽獨行的個體，那麼，當身邊沒有其他人做參照的時候，我們該如何判斷自己的能力和水準呢？

答案就是：設置期望值。要知道，做事情最忌諱的就是漫無目的地瞎做，如果對要完成的事情心中沒有期待，隨便做到什麼程度都可以的話，那是不是不做也可以呢？如果給自己設置一個合理的期望值，情況就不同了，它有助於我們更好地實現目標。

設置一個合理的期望值，然後向它一步步邁進，當有了一個具體的數值或者目標層級做參考的時候，每一步前進或者退步都能看得清清楚楚，有助於及時調整偏頗的步伐；逐步向預先設定的那個期望值靠近時，心裡會感到越來越滿足，這種滿足感可以幫我們樹立自信心。

那麼，「合理」的期望值要具備哪些要素呢？

基於現實

一切脫離實際的理論都是空談，在設定期望值的時候也要基於現實。你不能要求一個長期處於班級倒數的學生，突然在高考來臨的最後三天裡瘋狂複習，然後考到全國第一；你也不能要求幾個建築工人，在一週內建出一座高樓。這些不切實際的念頭不是「期望值」，而是漫無邊際的空想，可能出現在童話故事裡，但絕對不可能出現在現實生活中。

比自己的實際水準稍高一點

哲人說：「向著月亮前進，即便失敗，也會置身群星之中。」

輕輕鬆鬆就能夠得到的東西不能算什麼寶藏。當我們設置「期望值」的時候，理應比我們自身的實際情況要高一點，這樣才具有一定的挑戰性，才符合「期望」這個詞的本意。正如哲人拿星星和月亮打比方，當我們的目標是伸手摘月時，一點點向著月亮前進，即便最後摘不到月亮，也會置身群星之中了。

把期望值定得稍高一些，向它靠近的過程就也是我們逐漸變好的過程，即便你最後達不到期望值的水準，結果也不會太差。當然了，這裡「稍高一點的期望值」要區別於前面提到的「脫離現實的幻想」。

設置你獨特的期望值

設置你獨特的期望值，言外之意就是不從眾、不跟風。前面說到，每個人的人生道路都是各不相同的，即便是住在同一個屋簷下的室友也會有不同的人生規劃，而「期望值」所涵蓋的內容包括方方面面，可以是你今後想從事的職業，也可以是你近期想達到的月收入。總之，每個人的人生都是不可複製的，所以在設置期望值的時候也應該根據實際情況調整。

你有目標嗎？你希望達到什麼樣的「期待值」呢？不論是對工作還是對生活，都希望你能給自己提前設立一個預期分數，然後努力達到相應的水準，實現自我的人生價值。這一路也許風雨兼程，但請你始終保持可貴的清醒，不要美化過程，不要自怨自艾，一切以客觀現實為基礎，希望你能成為那個「手可摘星辰」的人。

訓練47

利用擅長的事慢慢建立自信

世界著名大文豪蕭伯納在談及自信這個話題時說道：「有信心的人，可以化渺小為偉大，化平庸為神奇。」一個自信的人總是散發著一種獨特的魅力，讓人忍不住想要親近，為他們自然流露出的自信和從容感到驚歎。自信的人走到哪裡都受歡迎，他們彷彿能得心應手地處理任何事情。自信的人與不自信的人展現出來的精神狀態是不同的，特別是在一些公共場合，前者大大方方，後者扭扭捏捏。

沒有人不想成為一個自信的人。那麼，怎樣建立自信呢？有一個行之有效的辦法是：利用擅長的事情慢慢建立自信。具體來說，可以分為這樣兩個步驟：

找到你擅長的事情

有些人在某方面的天賦是在很小的時候就表露出來的，也有一些是後天自己發掘的。很多人會抱怨自己沒有擅長的事情，其實是他還沒有發現罷了。只有接觸的領域多了，嘗試的東西多了，才能恰好與自己熱愛的事情相逢。

把擅長的事情做到極致

光是找到自己擅長的事情還不夠，如果不加以刻意練習，你擅長的事情就永遠只能停留在「擅長」這個層面，而不是精通。擅長或許會讓人讚歎，但精通才最具有說服力。所以，往你擅長的事物上面傾注努力吧，把擅長的事情做到極致，便能形成你的獨家競爭力。

把擅長的事情和事業相結合

如果能把擅長的事情和自己的本職工作相結合，一定會碰撞出動人的火花。比如，你擅長辯論，那麼把辯論的思維帶到銷售工作中，就可以更好地與客戶溝通。再比如，你擅長寫作，把構建文字的能力帶到寫新聞稿、年終報告中去，也會產生意想不到的結果。

當你在擅長的領域越做越好，身邊人都會投來贊許的目光，還會有晚輩主動找你尋求經驗……這些都是對你最好的肯定，是它們讓你變得更加自信。當你把擅長的事情做得非常好了，就意味著你在特定的區域有較強的競爭力，也就意味著你在垂直領域會有很多選擇。有實力的人從來不愁沒有選擇。而擁有「選擇權」，把命運牢靠地掌握在自己手中，無疑是一個人自信的最直接來源。

前美國總統威爾遜的一句話啟發了很多人：「要有信心，然後全力以赴——假如具有這種觀念，任何事情十有八九都能成功。」

信心與努力總是相輔相成的，充滿信心的人會堅信自己的努力有意義，努力的人會感到踏實和安心，由此衍生出對自我的深層自信。從現在開始，全力以赴做你擅長的事情吧，爭取把「擅長」變成「精通」，下一個垂直領域內的精英很有可能就是你。

訓練48

把自己想像成不拖延的人

筆者關於年幼時走夜路的記憶十分清晰，不算太遠的距離總是令人膽戰心驚。腦海裡不斷重播著恐怖電影中的種種場景，為了讓自己擺脫哪怕片刻的恐懼，於是設想自己是英雄電影裡的主角，還未出場時妖魔都已聞風喪膽。這麼想著，心裡的恐懼果真減少了。夜路便不只有寂靜，還有頭頂的星空和清涼的夜風。

「把自己想像成某一類人」是一種心理暗示，人腦會下意識地傳達相應的屬性資訊，比如：斬妖除魔的孫大聖是不怕鬼的、好看的女孩子是抬頭挺胸的、勤奮的人此時此刻應該在堅持學習……同樣，當你把自己想像成一個不拖延的人，腦海中就會自動映射出「不拖延的人」的具體形象和特徵，比如：他們總是會先把最重要、最緊急的事情完成，他們會抵制周圍環境的誘惑專心做自己的事情，他們懂得「延遲滿足」的重要性。

「把自己想像成一個不拖延的人」不僅僅是在腦海裡空想而已，還要具體想想「不拖延的人」他們的日常生活是怎樣的，他們在面對和你同樣的浮躁、倦怠的狀態時會怎麼做，他們在專心致志地工作時突然被其他事情打斷會怎麼處理。

X之前每天的生活軌跡是這樣的：每天懶洋洋地從床上爬起來，寧願在床上多消磨十分鐘也不願下樓買個早餐，然後慢吞吞地穿好衣服、洗漱，乘地鐵去上班。

他在正式開始工作之前勢必要滑一會兒手機，確保社交軟體上所有的未讀都消除了才戀戀不捨地放下手機，工作時也是三心二意，能拖到第二天的事就絕不在當天做。看上去X生活得十分安逸，但他內心卻是極度煎熬的，他非常迫切地想要改變現狀，奈何不知道從何入手。

Y是辦公室新來的同事，他的到來無疑讓X「大開眼界」：原來世界上真的有這樣自律、乾脆俐落不拖延的人啊！Y在工作時從不碰手機，打呵欠、偷懶什麼的更是從來沒有的事。X打心裡佩服Y，並將他視作榜樣。

此後，每當X冒出什麼偷懶、拖延之類的「歪念頭」，第一個想到的人便是Y，想著同樣的情境下Y會怎麼做，然後及時扼殺掉自己預備拖延的「罪惡」念頭。

想像成為某一類人並不是簡單的模仿，而是將對方「優秀的、值得學習的一面提取出來」，取其精華、去其糟粕、化為己用。古人說的「見賢思齊」正是此理。

訓練49

懈怠時開啟自我激勵模式

引領一個人走向成功的因素有很多，其中最重要的一點是：內在驅動力。內在驅動力是一種強大的力量，是發自人內心的渴望，是即使在沒有外物支撐下也能自然爆發的一種力量。擁有強大的內在驅動力的人能夠頑強抵抗外在的壓力，在困境中也能自救。

如果說目標是外界的吸引力，內心的驅動力就是內在的推力，兩者結合，讓我們義無反顧地向目標奔去。而內在驅動力逐步喪失的過程就是個人逐漸變得懈怠的過程。當我們鬆懈時，他人的言語往往只能起到提點作用，要從根本上解決問題還是得靠自己。

那麼，懈怠時如何開啟自我激勵模式呢？以下提供了幾點建議：

強迫自己回想一遍最初的目標

詩人紀伯倫警醒世人：「不要因為走得太久，就忘記了當初為什麼出發。」遺忘是人類的天性，甚至會忘記自己最初的目標跟理想，懈怠便是情理之中的事情了，這時候便要時不時地回想一遍最初的目標。

看激勵人心的影片、聽勵志音樂

影片、音樂可以給人最直接的感官刺激，也是勵志效果最強的。文字也是如此，曾有一本名叫《破繭成蝶》的大考雜誌風靡一時，裡面的內容都是充滿勵志色彩的大考故事，激勵了很多考生。看激勵人心的影片、書籍，聽勵志的音樂，這些看起來「老套」的方法恰恰是最有效的。

對自己說：再堅持一會兒

堅持不下去的時候，不妨與自己進行對話，把那些淺顯易懂卻又容易被遺忘的道理說給自己聽。要想獲得成功就是要付出一些代價的啊，如果你覺得難、怕吃苦，那就放棄吧，但你如果放棄了就不要抱怨、不要後悔。沒有人想讓自己的人生留下遺憾，所以當你堅持不下去的時候，告訴自己再堅持一小會兒吧。

主動向優秀的人看齊

主動向優秀的人看齊也是一種自我激勵。我們身邊有很多既有天分同時又很努力的人，這些人永遠走在潮流的最前端，引領著潮水的方向。從他們身上我們可以學到很多優秀的品質並化為己用。

人的天性就是趨利避害、趨樂避苦，所以即便是再努力、再拚命的人也會有忍不住想要懈怠的時候，人與人的差別就體現在這種時候，有人會及時調整狀態，有人則會任其往更糟糕的狀態發展。

有人會說：「世界本就是不公平的，每個人的天賦各不相同，我們拚盡一生才能達到的上限也許是別人瞧不上的下限。」話說回來，如果不努力的話，我們可能連自己的上限都無法達到。為什麼一定要跟別人比呢？最佳的比較對象應該是自己，看著自己一點點進步，也是一種莫大的喜悅。

訓練50

借助獎懲措施改變行為模式

Z是一家知名服裝品牌的設計師，常常為想一個設計而絞盡腦汁，朋友印象中的她，永遠是面對著一堆圖紙和空空如也的電腦螢幕，滿臉的迷茫。這種狀態持續了很久，Z自己也感到了自己無精打采的時間過長，頹廢、靈感枯竭，似乎總沒有個盡頭，於是想辦法扭轉自己的行為模式。

從前的Z，把工作和生活分得清清楚楚，工作時間就百分之百全身心投入工作中。Z是個極度自律的人，甚至不允許自己在工作時間內有關於工作之外的任何想法，這樣近乎苛刻的要求反而造成了精神壓力，設計靈感總是突然乍現的，而不是持續不斷湧出來的。可以說，Z的工作具有天然的「不連續性」。

Z決定改變自己的行為模式，從獎懲措施入手。每次想出一個新穎的設計她都會在第一時間記錄下來，一陣頭腦風暴之後她會給自己一段放鬆的時間。在這段時間裡，她可以上網買一支心儀的口紅，或者買一件想要了很久的衣服。接收過這些「獎勵」之後，Z的心中感到十分滿意，仿佛有一種「用自己的努力換取想要的事物」的滿足感和自豪感。

當她在工作中分心、玩手機，或者有其他不恰當的行為，她就會給予自己一定程度上的「懲罰」，比如今天不可以喝奶茶、不允許吃甜點。這些被作為懲罰的行為方式，恰是日常生活中那些有害無利、卻讓人產生依賴的事物。可謂是一舉兩得。

利用獎懲措施改變行為模式的核心就在於：在無外界壓力的情況下，提高自己的主觀能動性，並且產生一種「控制感」。你將得到獎勵還是受到懲罰，決定權是握在自己手中的。這種感覺會催促著你前進。

那麼，在設置獎懲措施時，要注意哪些問題呢？

作為「獎勵」和「懲罰」的事物要精挑細選

那些作為獎勵的事物，應當是你發自內心喜歡的，位於尋常生活之外的東西。比如，你可以以「一頓大餐」作為獎勵，卻不適合拿「吃頓午飯」作獎勵。你可以獎勵自己一支口紅、一雙心儀的鞋子，而不是「一杯白開水」、「睡個午覺」

這樣垂手可得的尋常事物。

但尋常事物有時候也是可貴的，比如對於常年線上工作的人來說，斷網半小時就是最好的獎勵；對於那些日常熬夜想企劃的人來說，能夠早睡一次就是莫大的開心了。

那些作為懲罰的事物，應當是你感性上渴望但理智上應該拒絕的事物。

上述案例中的Z就是一個很好的典範，她日常喜歡喝奶茶、吃很多的甜點，但她知道這樣對自己的身體是不好的，於是她把「拒絕這類事物」作為「懲罰」自己的方法。

不要為了「拿到獎勵」而工作

設置獎懲機制最終目的是服務於工作，獎勵或者懲罰本身並不是重點。如果單單是為了滿足自身的欲望，我們隨時都可以去做那些本來留作獎勵的事情。所以，不要為了「拿到獎勵」而工作，為了工作本身而工作，把自己沉潛進去，就是最好的狀態。

設置獎懲措施，可以從小事做起

獎懲措施的設置和運行不一定要用於那些很宏大的事情上，應當把這種思維融入到日常生活中去，真正意義上地改變生活，而不是僅僅影響工作。

想要賴床的時候告訴自己：「如果我能現在立刻起床就獎勵自己一杯超喜歡的咖啡。」明知道走在路上玩手機很不安全可還是忍不住要點開手機的時候，告訴自己：「只要我堅持從現在開始一路上不碰手機，就獎勵自己在閒暇時間看一場電影。」

生活正是由這些細枝末節構成的，把優秀的思維方式融入到生活中去，會取得意想不到的效果！那麼，不妨現在就想想接下來你需要做的事情吧，給自己設置小小的獎勵或者懲罰，讓自己充滿動力地前進吧！

訓練51

多給自己一些積極的暗示

心理暗示是指，人接受外界或他人的願望、觀念、情緒、判斷、態度影響的心理特點，是人們日常生活中，最常見的心理現象。被暗示者會在無意中接受這種資訊，並主觀地感到順從和妥協。

人很容易受到暗示的影響，有時這些暗示來自於外界，比如我們的父母朋友，有時這種暗示來自於自己的內心。關於暗示，科學家做過一個有趣的實驗：

科學家們告訴一個班級裡的男孩子，讓他們給一個相貌平平、成績平平的女生寫信，在信中稱讚她的美貌、讚揚她的才華，表達愛慕之情。一段時間後，這個女孩子真的變得自信、漂亮了很多，本人看上去和先前的照片有明顯區別。

心理暗示的力量是極強的，當他人無法給我們積極的暗示時，我們可以自己給自己積極的心理暗示。

Sally一直自詡是個悲觀主義者，她遇到什麼事情第一時間想到的都是消極的一面，她一直嘗試著改變自己敏感、內向的性格，可總是屢屢失敗。她努力在一群人面前表現出積極、開朗的性格，可是這種「偽造」出來的狀態堅持不了多久，這讓她感到滿心疲憊。

Sally常常為自己的敏感感到糾結，她自嘲自己有一顆「玻璃心」。比如，當身邊出現比自己更優秀的人的時候，Sally常常感覺到自己黯淡無光，長久以來的自尊莫名其妙就被打破了；當與兩個同事並排走一起的時候，Sally總覺得自己是多餘的那一個，在這種情境下她寧可保持沉默不說話。

經過心理輔導，Sally清醒了很多，知道這一切只是因為自己「想多了」和「太悲觀」。她意識到，一個人的性格是無法在短時間內改變的，而自己又不想受到擔心、懦弱的心態的折磨。於是決定從「心理暗示」著手，不停地給自己積極的暗示，當腦海中出現一貫悲觀的、消極的想法，她都會在第一時間內「開導自己」。

遇到比自己優秀的人，她不再感到自慚形穢，而是對自己說：「兩個優秀的人位於同一個公司中，就像兩支蠟燭，一個人的光芒並不會掩蓋另一個人的光芒，反而共同把這個大房間照亮了。」同事三人一同前行的時候，她告訴自己：「我也很擅長與人交往啊，我的同事們都很喜歡我的，我們之間已經很熟了，不必再豎立極強的心理防線了。」

如此一來，Sally在生活中和工作中都變得樂觀了很多。這種樂觀不同於故意「偽造」出來的性格，而是骨子裡的自我認可。

心理暗示不同於自我欺騙。前者是深知自身有足夠的能力，只是缺乏自信和勇氣，因此需要心理暗示來加強自我認同感。後者則是無中生有，給自己建造的一座海市蜃樓。

在我們漫長的一生中，會遇到許多形形色色的人，他們會給予你肯定，也會毫不留情地打擊你，當你明白「心理暗示」的原理之後，希望你能以足夠的理性面對外人口中毫無根據的評價，不要受那些負面的、不好的暗示影響。

瞭解一個人是很難的事情，與其向外界尋求肯定，不如向內尋找價值。自我暗示的更高層面是擁有信仰。一個擁有堅定不移的信仰的人，可以承受外來的一切輕易的否定、他人有意或無意給出的消極暗示，因為他們堅信，自己選擇的道路是正確的，自己堅守的東西是正確的，自我暗示的最高境界就是擁有信仰。

在漫長的人生路上，希望你我都能成為一個擁有堅定不移的信仰的人，用以抵抗滾滾的社會洪流和無數尖牙利爪的傷害。

LEARN系列 053

為什麼越重要的事越不想做？

51種克服拖延與分心，打造超級自控力的訓練計畫

作　者—舒婭
主　編—陳信宏
責任編輯—王瓊苹
責任企畫—吳美瑤
美術設計—林雅錚
排　版—極翔企業有限公司

編輯總監—蘇清霖
董事長—趙政岷
出版者—時報文化出版企業股份有限公司
一〇八〇一九臺北市和平西路三段二四〇號三樓
發行專線—（〇二）二三〇六六八四二
讀者服務專線—（〇八〇〇）二三一七〇五・（〇二）二三〇四七一〇三
讀者服務傳真—（〇二）二三〇四六八五八
郵撥—一九三四四七二四　時報文化出版公司
信箱—一〇八九九臺北華江橋郵局第九九信箱

時報悅讀網—http://www.readingtimes.com.tw
電子郵件信箱—newlife@readingtimes.com.tw
時報出版愛讀者臉書—http://www.facebook.com/readingtimes.2
法律顧問—理律法律事務所　陳長文律師、李念祖律師
印　刷—盈昌印刷有限公司
初版一刷—二〇二一年三月十二日
初版四刷—二〇二二年一月十三日
定　價—新臺幣三〇〇元
（缺頁或破損的書，請寄回更換）

時報文化出版公司成立於一九七五年，
並於一九九九年股票上櫃公開發行，於二〇〇八年脫離中時集團非屬旺中，
以「尊重智慧與創意的文化事業」為信念。

為什麼越重要的事越不想做？：51種克服拖延與分心, 打造超級自控力的訓練計畫/舒婭著. -- 初版. -- 臺北市：時報文化出版企業股份有限公司, 2021.03
面；　公分. --（Learn系列；53）
ISBN 978-957-13-8637-9（平裝）

1.時間管理 2.生活指導

177.2　　110001337

ISBN 978-957-13-8637-9
Printed in Taiwan